Elizabeth Clare Prophet
& Mark L. Prophet

Botschaften aus dem Lichtreich

ELIZABETH CLARE PROPHET
UND MARK L. PROPHET

Botschaften
aus dem
Lichtreich

Aus dem Amerikanischen von Andrea Fischer

//////////////////// SILBERSCHNUR ////////////////////

Contact:
Summit University Press
63 Summit Way, Gardiner, Montana 59030
Tel.: +1 406-848-9500 · Fax: +1 406-848-9555
E-mail: info@SummitUniversityPress.com
Website: http://www.SummitUniversityPress.com

ISBN: 987-3-89845-304-2

1. Auflage 2010

Übersetzung: Andrea Fischer
Gestaltung & Satz: XPresentation, Güllesheim
Druck: Finidr, s.r.o. Cesky Tesin

Verlag "Die Silberschnur" GmbH · Steinstr. 1 · D-56593 Güllesheim
www.silberschnur.de · E-Mail: info@silberschnur.de

»Mit einem kleinen Schlüssel lassen sich
die größten Türen aufschließen – man muss
nur bereit sein einzutreten und darf nicht
zaudernd auf der Schwelle stehen bleiben.«

El Morya

Hinweis

Weil eine geschlechterneutrale Ausdrucksweise holprig wirken und manchmal verwirrend sein kann, benutzen wir manchmal „er" und „ihn", wenn wir von Gott oder einer individuellen Person sprechen. Diese Worte setzen wir nur zur besseren Lesbarkeit ein. Sie sollen nicht so interpretiert werden, dass Frauen an sich bzw. der weibliche Aspekt der Gottheit von uns ignoriert werden. Ebenso wenig schließen wir, indem wir die Worte „Gott" oder „Geist" verwenden, andere Bezeichnungen für das Göttliche aus.

INHALT

SCHLÜSSEL ZUM KÖNIGREICH

Dieses Buch ist der Versuch, die Lehren, die im Verlauf von 40 Jahren durch Mark und Elizabeth Clare Prophet übermittelt wurden, zusammenzufassen. Es ist eine Antwort auf die oft gestellte Frage: „Sag' mir kurz und bündig: Was lehren Mark und Elizabeth Prophet? Wie lautet die Essenz ihrer Botschaft?" Es ist schwierig, die lebenslange Mission dieser beiden bemerkenswerten Menschen in einem kleinen Buch zu komprimieren. Die umfassende Botschaft lässt sich jedoch in ein Destillat gießen, in die „goldene Regel": „Liebe Gott. Liebe deinen Nächsten wie dich selbst. Liebe Christus und den Buddha in dir." Dies ist der Weg, den die Heiligen von Ost und West seit Jahrhunderten beschreiten.

Diese Botschaft ist zeitlos, und doch bieten Mark und Elizabeth Clare Prophet eine neue Perspektive zu dieser Botschaft für ein neues Jahrtausend. Darin finden Sie die Schlüssel, um die Tür zu Ihrem inneren Selbst aufzuschließen. Darin finden Sie die Schlüssel zu Ihrem Schicksal auf Erden. Darin finden Sie die spirituellen Schlüssel für Ihre Reise nach Hause zu Gott. Ihre Seele hat lange auf diese Botschaft gewartet. Und dennoch - Sie mussten nicht in der Ferne suchen. Die Botschaft war immer da, zum Greifen nah - in Ihrem Inneren. Es ist die Botschaft des Höheren Selbst, des inneren Führers und des Lehrers in Ihrem Inneren. Es ist die Botschaft des Herzens.

Vielleicht ist dies der Grund dafür, weshalb viele diese Botschaft erkennen, wenn sie sie hören, und seltsam vertraut finden. „Aber ja", sagen sie. „Das weiß ich doch schon. Ich habe diese ewige Wahrheit schon immer gekannt."

„Siehe, es kommt die Zeit, spricht der Herr, da will ich mit dem Hause Israel und mit dem Hause Juda einen neuen Bund machen (...)

Ich will mein Gesetz in ihr Herz geben und in ihren Sinn schreiben; und sie sollen mein Volk sein, so will ich ihr Gott sein."[1]

DIE SENDBOTEN

Für jede Botschaft aus dem Lichtreich gibt es einen Sendboten. Aufgabe dieses Sendbotens ist es, die Wahrheit von jenen Reichen an die inkarnierte Menschheit zu übermitteln. Mark und Elizabeth Prophet sind zwei solche Sendboten, und ihre Mission ist es, ein neues Evangelium für dieses Zeitalter zu überbringen. Es ist das ewige Evangelium, wie es vom Autor des Buches der Offenbarung prophezeit wurde.

Sendbote zu sein ist eine besondere Berufung durch Gott. Sendboten kommen nicht jeden Tag vor, auch ist ihre Aufgabe gewiss keine leichte. Es ist schwer, der Menschheit eine Botschaft der Wahrheit zu übermitteln. Denn die meisten von uns möchten lieber nicht wissen, dass wir uns verändern oder uns aus unserer „Komfortzone" herausbequemen müssen. Doch Gott hat zu allen Zeiten seine Sendboten als Wegweiser geschickt, damit sie auf dem spirituellen Pfad den Weg leuchten und die Menschen motivieren, zu ihm zurückzukehren.

Letztendlich ist das Konzept eines Sendboten einfach: Ein Sendbote ist eine Mahnung, eine Gedächtnishilfe, gesandt, um Sie an das zu erinnern, was Sie schon wissen, und daran, wer Sie wirklich sind: ein großartiges, machtvolles spirituelles Wesen. Sie kommen vom Himmel, und es ist Ihre Bestimmung, zum Himmel zurückzukehren.

Eine
einzigartige Rolle

Elizabeth Clare Prophet hat ihre Rolle als Sendbotin folgendermaßen beschrieben:

„Meine Berufung ist es, eine Prophetin Gottes zu sein. Das Wort ‚Prophet' bezeichnet jemanden, der für Gott spricht, also einen Sendboten. Zufälligerweise - obgleich ich nicht an Zufälle glaube - stimmt mein Name mit meiner Berufung überein. ‚Prophet' ist der Nachname meines verstorbenen Ehemannes und Lehrers, Mark L. Prophet. Dieser Familienname wurde über Generationen von Frankreich über Irland und Kanada nach Chippewa Falls in Wisconsin, USA, weitergetragen.

Mark war ein Prophet und ein Sendbote, der von Gott über den Aufgestiegenen Meister El Morya dazu berufen wurde, 1958 das ‚Summit Lighthouse' (‚Lichthaus auf dem Gipfel') in Washington, D.C. zu gründen. Er war und ist die faszinierendste

Person, der ich jemals begegnet bin – die bescheidenste, die heiligste, die menschlichste.

Wir waren zwölf Jahre zusammen. Wir heirateten, hatten vier Kinder, schrieben viele Bücher, hielten auf der ganzen Welt Vorträge und bauten unsere Bewegung auf. Dann verstarb er 1973. Seine Seele ist jetzt eins mit Gott, aber ewig bei mir.

1964 erhielt ich die 'Robe' der Sendbotin sowie die Gaben des Heiligen Geistes. Und während meiner gesamten Zeit des Dienens habe ich durch Gottes Gnade auf die Fundamente prophetischer Lehren gebaut, die mein Mann bereits gelegt hatte.

Als Sendbotin Gottes sehe ich mich als Dienerin von Gottes Licht in Ihrem Inneren. Der Diener ist nicht größer als sein Herr. Mein Herr ist der Christus Jesu und der Christus in Ihnen, die ein und derselbe sind. Denn, wie der Apostel Johannes schrieb: Christus war und ist ‚das wahrhaftige Licht, welches alle Menschen erleuchtet, die in diese Welt kommen.'[2]

Daher komme ich als Dienerin dieses Lichts – Ihres Lichts, meines Lichts, Ihres Christus, meines Christus'."

I. KAPITEL

LICHTWESEN IM HIMMELREICH

Viele Menschen, die ein Nahtod-Erlebnis hatten, erzählen, sie seien bei ihrem Aufenthalt auf der anderen Seite wundersamen Lichtwesen begegnet. Einige, wie etwa Jesus, konnten leicht identifiziert werden, doch andere gaben ihren Namen nicht preis, sondern strömten nur eine Flut von Liebe, Mitgefühl, Unterweisung und Führung aus. Wer sind diese meisterhaften Wesen?

Wir wollen die Himmelswelt etwas genauer betrachten, um mehr Einblick zu gewinnen.

Die Aufgestiegenen Meister

Viele der Wesen, die Ihnen wahrscheinlich in der Himmelswelt begegnen, sind als „Aufgestiegene Meister" bekannt. Die

Aufgestiegenen Meister sind unsere älteren Brüder und Schwestern auf dem spirituellen Pfad. Sie haben die Abschlussprüfung an der irdischen Schule absolviert und sind zu Gott zurückgekehrt. Vom Himmelreich aus lenken und lehren sie die Menschheit.

Viele dieser Meister sind uns vertraut, da sie durch alle Zeiten hindurch unter uns gelebt haben – andere mögen uns auf unserer äußeren Bewusstseinsebene nicht bekannt sein. Seit Anbeginn der Zeit sind diese meisterhaften Wesen aus allen Rassen und Nationalitäten, aus allen Bevölkerungsschichten und Religionen emporgekommen. Einige von ihnen sind alte Lichtwesen, und ihre Namen sind schon seit langer Zeit zweitrangig geworden im Vergleich zu den Flammen, die sie tragen.

Ganz gleich, welcher Herkunft in der Weite des Universums unseres Vaters sie auch sein mögen, sie haben eines gemeinsam: Sie haben ihren Missbrauch der Energie Gottes – ihr Karma – ausgeglichen, ihre einzigartige Mission auf Erden erfüllt und sind wieder zurück zum Herzen Gottes aufgestiegen. Alle miteinander teilen sie ein gemeinsames Licht. Diese geliebten Wesen sind Teil der Bruderschaft der spirituellen Wesen und Engelsscharen, die im Himmel und auf Erden unter der Bezeichnung „Große Weiße Bruderschaft"* bekannt sind.

Im 7. Kapitel der Offenbarung werden sie als große Schar von Heiligen beschrieben, „angetan mit weißen Kleidern", die vor dem Thron Gottes stehen.

---

* „Weiß" bezieht sich weder auf die Rasse noch Nationalität, sondern auf das weiße Licht, das die Unsterblichen umgibt. „Die Große Weiße Bruderschaft" ist ein spiritueller Orden von Heiligen und Adepten jeder Rasse, Kultur und Religion. Diese Meister haben die Zyklen des Karmas und der Wiedergeburt überwunden und sich mit dem Geist des lebendigen Gottes vereint.

Zu diesen Heiligen gehören so bekannte Adepten wie Gautama Buddha, Maitreya, Jesus Christus, der heilige Erzengel Michael, Zarathustra, Moses, Melchizedek, Mutter Maria, Teresa von Avila, der heilige Franziskus, Saint Germain, Padre Pio und El Morya, um nur einige zu nennen. In ihren Reihen befinden sich auch unzählige namenlose liebevolle Herzen, Diener der Menschheit, die nach Hause zurückgekehrt sind und auf ewig Teil des lebendigen Gottes sind.

Die Aufgestiegenen Meister sind sehr an der Entwicklung der Erde und der Verbreitung des Lichts auf jedem Gebiet menschlichen Bemühens beteiligt. Die Meister, die oft hinter den Kulissen in der spirituellen Welt agieren, dienen Schulter an Schulter gemeinsam mit ernsthaft Suchenden und auch Staatsdienern jeder Rasse, Religion und Bevölkerungsschicht, um der Menschheit bei ihrer weiteren Entwicklung zu helfen.

Die Aufgestiegenen Meister sind Lehrer der Menschheit. Sie haben ein liebevolles, persönliches Interesse an ihren Schülern und greifen oft auf vielfältige Weise in deren Leben ein, sowohl sichtbar als auch im Verborgenen. Sie lehren den Pfad der siegreichen Überwindung, damit die Seele in der Selbstmeisterung auf Erden wandeln, den Spuren Jesu oder Buddhas bzw. anderen großen Erleuchteten folgen und nach Vollendung eines Lebens des Dienens in die Himmelswelt zurückkehren kann. Dies ist der Pfad der persönlichen Christusschaft, auf dem jeder den Weg der Überwindung finden kann.

Dieser Pfad ist durch die Fußspuren derjenigen, die ihn vorher beschritten haben, gut markiert. Es gibt auch „Reiseführer", die Ihnen bei den Schritten, die Sie tun müssen, behilflich sein können. Sie können Sie vor den Tücken und Fallen warnen und Ihnen einen leichteren Weg durch das unwegsame Gelände weisen. Diese Führer haben gleichsam Seile und Werkzeuge, um Ihnen beim Hinaufsteigen behilflich zu sein. An schwierigen Stellen strecken sie helfend eine Hand aus, um Sie nach oben oder über den Abgrund zu geleiten. Die Führer können es Ihnen nicht abnehmen, den Gipfel zu erklimmen, doch sie sind da, um Ihnen zu helfen, soweit es in ihrer Macht steht.

Da die Aufgestiegenen Meister einst schon den Weg gegangen sind, den Sie nun gehen, sind sie hochqualifiziert, um uns zu unterweisen. Und sogar während sie die Menschheit unterweisen, bleiben sie selbst noch Studenten weiterer Meister, die in der großen Daseinskette, der himmlischen Hierarchie, über ihnen stehen. Der Pfad der Schülerschaft setzt sich in der Himmelswelt weiter fort und ist ein Modell für die Beziehung zwischen Schüler und Lehrer, zwischen dem Meister und seinen Anhängern auf Erden.

Lichtreiche in der Himmelswelt

Die Himmelswelt ist ein weiträumiger und doch gut organisierter Ort. Unter anderem könnte Ihr Blick dort über schöne Rückzugsorte und Orte des Lernens schweifen. Der Rückzugsort eines Aufgestiegenen Meisters ist ein Brennpunkt der Großen Weißen Bruderschaft, der in der ätherischen Ebene verankert ist, auf der die Meister residieren. (Die ätherische Ebene ist einfach eine Dimension, die über unserer physischen, geistigen und emotionalen Welt liegt. Diese Dimension hat eine höhere Schwingung, die wir „Himmel", oder „Oktave der Aufgestiegenen Meister" nennen.) Genau so, wie wir irdische Häuser und Städte kennen, gibt es auch Lichthäuser und Lichtstädte in der Himmelswelt. Der Rückzugsort eines Meisters kann aus vielen Räumen oder Gebäuden bestehen, vielen Seelen Unterkunft bieten und unzähligen Funktionen dienen. Es gibt Räume für Ratsversammlungen, in denen sich die Meister versammeln, um die Angelegenheiten der Erde und des Himmels zu erörtern, es gibt Tempel für Gottesdienste und Gebete, Lernzentren und Speicherstätten für das immense Wissen aller Zeitalter, Übungsräume für Lichtseelen, die in ihren feinstofflichen Körpern während des Schlafes oder zwischen den Inkarnationen reisen sowie Ruheräume zum Entspannen nach Ablauf eines Aufenthaltes auf der Erde. Neben all diesen Aspekten stellen die Rückzugsorte auch Ankerpunkte für spezifische spirituelle Energien dar, die für die Menschheit bestimmt sind.

Menschliche Seelen, die gerade inkarniert sind und gerne ein Training absolvieren möchten, können diese Rückzugsorte in ihrem Seelenbewusstsein besuchen, während ihr Körper schläft. Sie kommen zum Lernen und Studieren, um ihre Lebensumstände zu verstehen und sich auf die Herausforderungen des Alltags im „Schulhaus Erde" vorzubereiten. Viele arbeiten bewusst auf diesen inneren Ebenen, um sich auf ihre Berufung oder Mission in diesem Leben vorzubereiten - auf ihren göttlichen Plan.

Es ist möglich, dass Sie diese Rückzugsorte schon eine ganze Zeit lang besucht haben, bevor Sie sich mit Ihrem Wachbewusstsein an ein Erlebnis dort erinnern. Obgleich Sie gerade eben vielleicht zum ersten Mal von der Idee der Rückzugsorte für Aufgestiegene Meister gehört haben, sind diese nicht neu - im Gegenteil, sie sind sehr alt. Die Rückzugsorte und spirituellen Brennpunkte der Großen Weißen Bruderschaft wurden nahezu zeitgleich mit der Geburt unseres Planeten geschaffen.

Die Teton-Gebirgskette in Wyoming, USA

Die Rückzugsorte der Meister spielen für die spirituelle Entwicklung der Menschheit eine wichtige Rolle. Ein Rückzugsort ist mehr als ein Ort, an dem ein Aufgestiegener Meister lebt und seine Schüler oder „Chelas" empfängt. Ein Rückzugsort ist ein Mandala oder Kraftfeld, das von den solaren Hierarchien benutzt wird, um Energieschübe auf einen Planeten oder ein Volk auszuströmen. Dieses Licht ist nötig, um die Weiterentwicklung des Lebens auf diesem Planeten zu fördern. Die Meister transformieren dieses Licht über ihre Chelas herab, um es unter der Menschheit zu verbreiten. Dieses Licht und diese Energie halten den Planeten buchstäblich als Plattform für die Evolution all der Wesen aufrecht, die hier leben.

Es gibt sehr wenige aufrichtige Wahrheitssuchende, die noch nicht in diese Rückzugsorte gereist sind. Es ist gut möglich, dass Sie diese Rückzugsorte selbst schon besucht haben, während sich Ihr Körper nachts im Schlaf befand, auch wenn Sie sich nicht an dieses Erlebnis erinnern konnten.

Einer der am häufigsten besuchten Rückzugsorte ist das „Königliche Teton-Refugium". Dieses liegt in der Teton-Gebirgskette in der Nähe der amerikanischen Stadt Jackson Hole im Staat Wyoming. Dieses immense, aktive Zentrum ist der Hauptrückzugsort der Großen Weißen Bruderschaft auf dem nordamerikanischen Kontinent. Es ist ein alter Brennpunkt starken Lichts, der schon lange vor dem Niedergang von Atlantis vor mehr als 12.000 Jahren in Betrieb war. Es ist ein Versammlungsort für die Aufgestiegenen Meister und ihre Schüler, auch wenn viele Meister außerdem noch die spezialisierten Funktionen ihrer persönlichen Rückzugsorte an anderen Stellen betreiben.*

Das „Königliche Teton-Refugium" ist der Sitz einer der geistigen Universitäten, an der Tausende von nicht Aufgestiegenen Menschen jede Nacht Unterrichtsklassen besuchen. In diesen Universitäten erfahren sie etwas über kosmische Gesetze, die Umstände ihres Karmas, ihren göttlichen Plan, die Bedingungen auf Erden sowie weitere Informationen, die für die laufende Entwicklung des Planeten unerlässlich sind. Wenn sie aus dem Schlaf erwachen, sind sie oft inspiriert und versuchen, auf Erden eindringlich nach dem zu suchen, woran sie sich aus dem Himmelsreich erinnern.

Eine einfache Bitte oder ein Gebet kann die Engel dazu befähigen, Sie zu den Rückzugsorten der Meister zu geleiten, während Ihr Körper nachts schläft. Hier ein Gebet, das Sie

---

* *Mehr Informationen über das „Königliche Teton-Refugium" und weitere Rückzugsorte der Aufgestiegenen Meister siehe in „The Masters and Their Retreats" („Die Meister und ihre Rückzugsorte") von Mark und Elizabeth Clare Prophet.*

sprechen können, um darum zu bitten, dass man Sie zum „Königlichen Teton-Refugium" bringt:

GEBET FÜR SEELENREISEN

„Vater,

in deine Hände empfehle ich meinen Geist.
Mächtige ICH-BIN-Gegenwart und heiliges
Christusselbst, ich rufe Erzengel Michael und
seine Scharen der Engel des blauen Lichtblitzes
an, auf dass sie meine Seele, die in meine feineren
Körper gekleidet ist, beschützen und in dieser
Nacht zum ‚Königlichen Teton-Refugium' in der
Nähe von Jackson Hole im amerikanischen Staat
Wyoming bringen mögen. Begleitet mich, unter-
weist mich, führt mich und beschützt mich,
während ich daran arbeite, alles Leben auf Erden
zu befreien.
Ich bitte darum, dass dies in Übereinstimmung
mit dem heiligen Willen Gottes geschehe."

Die sieben Strahlen des Regenbogens

Den Weg zurück zur Quelle kann man über sieben Strahlen des Christusbewusstseins nehmen, die vom weißen Licht ausgehen.

Stellen Sie sich einen weißen Lichtstrahl vor, der auf ein Prisma trifft und in sieben Regenbogenstrahlen zerfällt. Dies ist die natürliche Aufspaltung des reinweißen Lichts, das aus dem

Herzen Gottes strömt, wenn es durch das Prisma der Manifestation herabfällt. Dies sind die Unterkategorien der Ganzheit Christi.

Die sieben Strahlen werden hier kurz dargestellt:

1	Blau	Kraft und Glaube
2	Gelb	Weisheit und Erleuchtung
3	Rosa	Liebe und Schönheit
4	Weiß	Aufstieg und Reinheit
5	Grün	Wissen, Heilung und Versorgung
6	Purpur und Gold	Dienst an Gott und am Nächsten
7	Violett	Verwandlung und Diplomatie

Die Farben der Strahlen, die aus dem weißen Licht kommen, erinnern uns an Josephs Mantel mit den vielen Farben.* Ebenso, wie das saumlose Gewand des Herrn Jesus Christus weiß war, so trug er in seiner Inkarnation als Joseph den Mantel mit den vielen Farben. Die vielen wurden eins in Christus, und aus diesem Christuslicht können die vielen Farben der universellen Vollkommenheit entnommen werden. Ungeachtet ihrer Farbe haben all diese Strahlen einen weißen Feuerkern, der alle Attribute Gottes verkörpert.

An jedem Wochentag wird eine spezielle Konzentration eines der sieben Regenbogenstrahlen Gottes auf die Erde entsandt. Wenn diese Strahlen in die physische Welt eintreten, werden

---

* *1. Buch Mose, 37:3*

sie zu einer Flamme, die vor Energie birst, um eine Welt in den sieben Farben des Regenbogens zu entzünden. Wir, die wir in die Fußspuren Christi treten, können auf diese Farben der Regenbogenstrahlen, die die Perfektion des Lichts symbolisieren, meditieren.

Meditation zu den Regenbogenstrahlen

Blau ist die Flamme des Glaubens, des Versprechens, der Beständigkeit, der Kraft, der Stärke sowie der Ernsthaftigkeit und des Willens Gottes. Es strömt aus riesigen Lichtspeicherbecken ins Meer und in den Himmel. Das ist der Segen des Dienstags an die Erde.

Gelb ist die Verschmelzung von Gold und Weiß und verleiht Erleuchtung, den Segen korrekten Wissens, den Dienst am wahren Wissen, die Ausstrahlung des Geistes Christi und die Einsetzung des Gesetzes der harmonischen Beziehungen aller Menschen untereinander und zwischen Gott und allen Menschen. Es ist der Strahl der Sonne, der am Sonntag zur Erde geschickt wird – am Tag der Sonne.

Rosa ist das Symbol der göttlichen Liebe. Liebe ist freudig, beschwingt und schön. Durch die Kraft der Liebe lernt der Mensch, wie er die Schönheit sowie das Mitgefühl und die Barmherzigkeit, die er von Gott erhalten hat, an andere weitergeben kann. Liebe ist das Gebot der Stunde. In der Weitergabe dieser Wohltat und Schönheit gibt es keinen Raub, sondern nur den fairen Austausch zwischen allen Seelen, die durch die gleiche Liebe, die Gott ist, veredelt werden. Montag ist der Wochentag, der mit dieser kreativen Kraft der Liebe durchtränkt ist.

Der weiße Strahl der Reinheit ist aus allen Farben des Regenbogens zusammengesetzt. Er besitzt seine eigene, gigantische Hülle, die als ein Meer flüssiger Flammen den Menschenkindern das Verlangen vor Augen hält, ein Teil dessen zu sein, das niemals willentlich oder durch eine heimtückische Tat verunreinigt werden kann. Das weiße Licht ist der Geist Gottes, das Wesen und der Charakter Gottes. Es bedeutet Befreiung von Schmutz und Schande, die triumphierende Verschmelzung der vielen Farben zur Reinheit des Einen. Freitag ist der Tag, an dem der Mensch durch die Reinheit von den Fesseln der Begrenzung befreit wird.

Der grüne Strahl durchtränkt alles Leben mit der perfekten Mischung aus Gelb und Blau - dem Glauben und der Weisheit Gottes in der Natur. Die ewige Frische der Farbe Grün lädt den Menschen mit dem gesunden Chlorophyll auf - mit dem Feuer der Sonne und dem Feuer der Schöpfungskraft. Das heilende Grün verleiht dem Menschen wieder das ursprüngliche Wesen Gottes. Der grüne Strahl versorgt den Menschen mit allem, was ihm fehlt. Es ist die Farbe der Fülle und der Versorgung. Es durchdringt die Erde am Mittwoch, dem Tag der Heilung und der Ganzheit.

Purpur und Gold durchtränken den Menschen mit dem Verlangen, kosmischen Dienst zu tun. Die Farben stehen symbolisch für die Priesterschaft der wahren Gläubigen. Purpur zeugt vom erleuchteten Feuer der Seele. Dieses Feuer muss jedem Teil des Lebens helfen, die Vereinigung mit seiner Quelle und mit dem goldenen Gesetz zu finden, das Gott dem Menschen gegeben hat. Es ist der Dienst des Christus an seinen Jüngern, der Dienst des Dieners, der nicht größer ist als sein Herr.

Diese doppelte Aktion des Körpers Gottes (Purpur) und seiner Essenz (Gold) badet die Erde am Donnerstag.

Schließlich verbindet *der violette Strahl* die Strahlen der Liebe und der Kraft, das Rosa und Blau, die gemeinsam die Ausstrahlung der violetten Flamme bilden, zu einer gemeinsamen Aktion. Auch als „königliches Purpur" bezeichnet zeigt es die Bedeutung der Robe, die gerade im Bewusstsein des Menschen im Entstehen begriffen ist.

Gott hat den einzelnen Menschen liebkost und gesegnet. Nun muss dieser die Robe des siebten Strahles, die Robe des Taktgefühls, der Diplomatie und des Richtens tragen. Er muss so gut wie möglich für seine Mitmenschen vermitteln, für diejenigen, die noch nicht seine Ebene der Selbstverwirklichung erreicht haben. Er muss der Sache der Freiheit dienen und dabei behilflich sein, die Menschen von den Fesseln zu befreien, die sie sich selbst geschaffen haben. Er erwartet keinen Dank, sondern hält in seinem dankbaren Herzen das Gefühl der Dankbarkeit dafür, noch mehr dienen zu dürfen, so dass er am nächsten Tag in noch größerem Maße das geben kann, was er heute weniger gegeben hat. Die violette Flamme wird am Samstag verstärkt - einem Tag, um innezuhalten und über die Bedeutung und das Ritual der Freiheit nachzudenken.

Schülerschaft unter sieben Meistern der Weisheit

Die sieben Regenbogenstrahlen stellen die sieben Pfade der individuellen Selbstmeisterung dar, die als die „sieben Archetypen der Christusschaft" definiert werden. Es gibt sieben Meister, die

die Identität gemeistert haben, indem sie die Pfade der sieben Strahlen gegangen sind und nun bereitstehen, um anderen dabei behilflich zu sein, diese Pfade zu begehen.

Diese sieben Meister sind als „Chohans" der sieben Strahlen bekannt; „Chohan" ist ein Sanskritwort für „Herr". Die Chohans definieren das Gesetz auf ihrem Strahl, und durch sie fließt die Energie Christi und Gottes zur Menschheit, zu allen, die sich auf diesem besonderen Pfad weiterentwickeln.

Die Chohans sind die Aufgestiegenen Meister, die uns am nächsten stehen. Sie agieren auf Ebenen der Perfektion, doch diese Ebenen sind zugleich eins mit der materiellen Ebene, auf der wir uns befinden – es besteht eine Kongruenz zwischen Geist und Materie. Raum und Zeit sind nur Koordinaten der Unendlichkeit. Daher könnte man sagen, dass die Chohans hier unter uns sind.

Alle Chohans sind Lehrer der Menschheit. Jeder von ihnen eröffnet Ihnen einen Pfad der Disziplin, der einem Strahl und einem Chakra (spirituellen Zentrum) entspricht, den oder das der jeweilige Meister vertritt. Wir wollen nun einen kurzen Blick auf diese sieben Chohans und ihre Rückzugsorte werfen.

El Morya, Chohan des ersten Strahls, unterhält seinen Brennpunkt des Willens Gottes auf der ätherischen Ebene über Darjeeling, Indien. Er ist der Vorsitzende des „Darjeeling-Rates", einem Rat Aufgestiegener Meister der Großen Weißen Bruderschaft.

Lanto ist der Herr des zweiten Strahls, des gelben Strahls der Erleuchtung. Er dient im „Königlichen Teton-Refugium". Er ist besonders mit der Erziehung der Jugend in der Welt befasst.

Paul der Venezianer ist Chohan des dritten Strahls der göttlichen Liebe, der rosa Flamme. Er ist der Hierarch am „Château de Liberté" (Freiheitsschloss) in Südfrankreich. Er fördert die

Kultur der Aufgestiegenen Meister dieses Zeitalters und arbeitet mit allen zusammen, die diese Kultur zum Wohle der Menschheit gerne vorwärtsbringen möchten.

Als Nächstes kommen wir zum großen Meister der Disziplin, Serapis Bey, dem Chohan des vierten Strahls. Serapis unterhält den Brennpunkt des Tempels des Aufstiegs in Luxor, Ägypten. An diesem Ort werden Kandidaten des Aufstiegs empfangen, und er wird als der Rückzugsort betrachtet, bei dem man am schwersten Einlass findet. Serapis Bey ist der Lehrer des Pfades des Aufstiegs.

Hilarion ist der Chohan des fünften Strahls, des grünen Strahls der Ausfällung und Materialisation sowie der Wahrheit. Er war als Apostel Paulus inkarniert. Er unterhält den Tempel der Wahrheit auf der ätherischen Ebene über der Insel Kreta in Griechenland. Er arbeitet speziell mit Atheisten, Agnostikern, Skeptikern und anderen, die vom Leben und der Religion desillusioniert sind.

Über den sechsten Strahl des Dienens und des Friedens führt Lady Nada als Chohan den Vorsitz. Die Flamme des sechsten Strahls ist Purpur, die Farbe der Veilchen, die mit metallischen goldenen Flecken durchsetzt ist. Lady Nadas Rückzugsort liegt in Saudi-Arabien.

Saint Germain, der Chohan des siebten Strahls, hat in diesem Zeitalter eine sehr wichtige Position in der Hierarchie inne. Er ist nicht nur Chohan des siebten Strahls der Freiheit, der Gnade und der Verwandlung sowie des Rituals, sondern auch der Hierarch des Wassermannzeitalters. Die Schwingungen der violetten Flamme kann man bei seinem ätherischen Rückzugsort über dem Vorgebirge der Karpaten in Rumänien sowie in der „Höhle der Symbole" in den Vereinigten Staaten spüren.

Die Ämter der sieben Chohans der Strahlen werden von der kosmischen Hierarchie auf göttliche Weise besetzt. Wer eines dieser Ämter innehat, ist aus den qualifiziertesten aufgestiegenen Wesen ausgewählt worden, die aus dem „Schulhaus Erde" aufgestiegen sind. Jeder von ihnen hat die Selbstmeisterung errungen und den Aufstieg erreicht, indem er der Menschheit durch seine Inkarnationen in der Formenwelt auf einem oder mehreren der sieben Strahlen gedient hat.

Der Chohan eines jeden Strahls ist dafür verantwortlich, dass er der Menschheit alle Aspekte seines Strahls zukommen lässt, während er diese Zuteilung zugleich mit den anderen sechs Strahlen des weißen Lichts harmonisiert. Die Chohans gehorchen stets dem kosmischen Gesetz. Doch sie besitzen eine gewisse Verfügungsgewalt, damit sie die Menschheit mit ihrer persönlichen Entwicklung, ihren Fähigkeiten und Talenten auf die geschickteste Weise anleiten können, wobei sie, wenn nötig, liebevolle Unterstützung und spirituelle Führung bieten. Engelsscharen und aufgestiegene Brüder dienen mit ihnen, um den Plan der Großen Weißen Bruderschaft auszuführen und den sieben Strahlen den größtmöglichen Ausdruck zu verleihen.

Die Menschen sind jeweils auf einen bestimmten Strahl eingestimmt, damit sie einen bestimmten Dienst an Gott und am Menschen verrichten können. Jeder von uns hat seine Priorität auf einen bestimmten Strahl gesetzt. Wir haben daneben aber auch noch einen „zweitrangigen" Strahl, auf dem wir dienen. Unser Strahl mag von einer Inkarnation zur anderen verschieden sein, dennoch summiert sich die Belohnung für unsere Dienste. Es können daher aus unseren Diensten an mehreren oder allen Strahlen in der Vergangenheit kraftvolle Momente bewahrt worden sein. Ein Ausgleich der Errungenschaften auf allen sieben Strahlen ist erforderlich, damit der Aufstieg möglich ist und den Anforderungen des „Menschen des goldenen Zeitalters" Genüge getan wird.

Die Dienste der sieben Chohans kommen allen zugute, die in der Welt arbeiten, ganz gleich, zu welchem Grad sie ihren Dienst leisten: Staatsmänner, Anführer und Organisatoren befinden sich auf dem ersten Strahl unter El Morya. Lehrer, Philosophen und Erzieher dienen auf dem zweiten Strahl unter Lanto. Künstler, Designer, Kosmetiker, Schönheitspfleger und Menschen mit einem kreativen Wesen dienen auf dem dritten Strahl unter Paul dem Venezianer. Architekten, Planer und Menschen, die sich der Reinheit und Disziplin irgendeines Projekts verschreiben, dienen mit Serapis Bey auf dem vierten Strahl. Ärzte, Wissenschaftler, Heiler, Musiker, Mathematiker und Menschen, die sich der Wahrheit verschrieben haben, dienen auf dem fünften Strahl mit Hilarion. Pfarrer, Seelsorger, Krankenschwestern und alle, die sich der Bedürfnisse der Menschen annehmen, arbeiten mit Lady Nada auf dem sechsten Strahl. Diplomaten, Priester des heiligen Feuers, Schauspieler, Schriftsteller und Freiheitskämpfer dienen Saint Germain auf dem siebten Strahl.

Wenn uns eines dieser göttlichen Attribute fehlt und wir auf einem bestimmten Weg zurück zu Gott Fortschritte machen möchten, können wir zu unserer Gottesgegenwart, unserem heiligen Christusselbst und dem Chohan des entsprechenden Strahles für die Qualitäten beten, die wir in uns manifestiert sehen möchten. Wir können beispielsweise zu Paul dem Venezianer beten, er möge uns dabei helfen, mehr Liebe in unserem Leben zu entwickeln und die wahre Bedeutung der göttlichen Liebe zu verstehen, damit wir der Menschheit besser dienen können. Indem wir mit einem Chohan arbeiten, können wir in verhältnismäßig kurzer Zeit große spirituelle Fortschritte machen. Sind wir nicht sicher, welcher Strahl der unsrige ist, so ist es am besten, mit dem ersten Strahl und Meister El Morya zu beginnen. El Morya bereitet die Schüler auf ihre Arbeit mit den anderen Meistern vor.

II. Kapitel

Ihr wahres Ich

Sie haben ein einzigartiges spirituelles Schicksal. Einer der Schlüssel, um dieses Schicksal zu erfüllen, besteht darin, dass Sie erkennen, dass Sie ein göttliches Wesen besitzen und eine direkte Beziehung zu Gott haben.

Sie besitzen ein Höheres Selbst, und Sie müssen nicht erst sterben und in den Himmel kommen, um Ihr Höheres Selbst zu sehen! Es ist in der Abbildung Ihres göttlichen Selbst dargestellt, das ein Porträt von Ihnen und Gott in Ihnen ist.

Dannion Brinkley, ein berühmter Autor und Experte auf dem Gebiet der Nahtod-Erfahrungen, traute seinen Augen nicht, als er diese Abbildung sah, während er neben einem anderen Reisenden im Flugzeug saß. Er hatte sein wahres Selbst bei seinem eigenen Nahtod-Erlebnis bereits gesehen. Er wusste: Wer auch immer diese Abbildung gezeichnet hat, war dort gewesen oder hatte das gesehen, was er selbst gesehen hatte.[3]

Die Darstellung ist einfach und doch tiefgründig. Wären wir imstande, von Ihnen eine Fotoaufnahme aus der spirituellen

Die Darstellung Ihres göttlichen Selbst

Perspektive zu machen, so würden Sie so aussehen. Ihre spirituelle Realität setzt sich aus drei Gestalten zusammen, und jede dieser drei entspricht einer der drei Personen der Dreifaltigkeit. Die oberste Gestalt ist Ihr göttliches Selbst. Die mittlere Gestalt ist Ihr innerer Lehrer oder Ihr Christusselbst, und die untere Gestalt sind Sie als Seele, die sich auf Erden entfaltet.

Ihre ICH-BIN-Gegenwart

Die obere Gestalt in der Darstellung ist Ihre ICH-BIN-Gegenwart. Sie entspricht dem väterlichen Aspekt Gottes. Für die Hindus ist das Brahma, die Buddhisten nennen es das „Dharmakaya", während Christen es für Gott den Vater halten. Es ist der Geist Gottes, der für jeden von uns individualisiert ist.

ICH BIN DER ICH BIN ist der Name Gottes, den er Mose auf dem Berg Sinai enthüllte. „Ich werde sein, der ich sein werde [ICH BIN DER ICH BIN] (...) Also sollst du den Kindern Israels sagen: ‚Ich werde sein [ICH BIN] hat mich zu euch gesandt.' (...) Das ist mein Name ewiglich, dabei soll man mein gedenken für und für."[4]

Es ist ein alter Name, und dennoch verwenden wir ihn jeden Tag. Immer wenn wir die Worte „Ich bin" sprechen, sagen wir in Wirklichkeit: „Gott in mir". Abhängig von dem Grad Ihrer Hingabe kann die ICH-BIN-Gegenwart ganz nah bei Ihnen oder auch ganz weit weg sein. Wenn Sie durch liebevolle Gedanken, Gefühle und Handlungen ganz nah an Gott heranrücken, dann wird auch Ihre ICH-BIN-Gegenwart ganz in Ihre Nähe rücken, genau wie es im Brief des Jakobus (4,8) heißt: „Nahet euch zu Gott, so naht er sich zu euch."

Ihre ICH-BIN-Gegenwart ist von sieben konzentrischen Kugeln spiritueller Energie umgeben, die zusammen Ihren so genannten „Kausalkörper" bilden. Die Kugeln aus pulsierender Energie enthalten die Aufzeichnungen aller guten Taten, die Sie jemals vollbracht haben. Sie sind quasi Ihr „kosmisches Bankkonto" im Himmel. Die Kugeln haben vom Zentrum aus betrachtet folgende Reihenfolge: weiß, gelb, rosa, violett, purpur und gold, grün und blau.

Ihr heiliges Christusselbst

Die mittlere Gestalt ist Ihr innerer Lehrer, der innere Christus. Ihr Christusselbst kann Ihnen tagtäglich im Kleinen und im Großen behilflich sein. Sie können sich Ihr Christusselbst als Ihren besten Freund und Hauptschutzengel vorstellen. Ebenso wie die obere Gestalt, die ICH-BIN-Gegenwart, die universelle Gegenwart Gottes des Vaters ist, der für jeden von uns individuell geworden ist, ist das Christusselbst die universelle Christusgegenwart in jedem von uns.

Manchmal stolpern die Menschen über das Wort „Christus" oder bleiben daran hängen. Dieses Wort kommt vom griechischen „Christos"; das bedeutet „der Gesalbte". Folglich ist ein Christuswesen jemand, der mit dem Licht des Herrn, der ICH-BIN-Gegenwart, gesalbt ist. Wenn Sie das Wort stört, so können Sie es einfach durch „Buddha", „Allah" oder „Jehovah" ersetzen – mit welchem Namen auch immer Sie sich persönlich identifizieren mögen.

Das Christusselbst ist die Stimme, die in Ihrem Herzen spricht – die ruhige, leise Stimme des verborgenen Mannes des Herzens.

Es ist die Stimme des Gewissens, die uns richtig und falsch unterscheiden lässt, die uns unbeirrte Führung und Leitung schenkt, wenn wir lernen, auf sie zu hören.

Das Christusselbst ist der Mittler zwischen Gott und dem Menschen und entspricht der zweiten Person der heiligen Dreifaltigkeit, dem Sohn Gottes. Die Bibel spricht von Jesus Christus als dem „Sohn Gottes", da Jesus eins mit seinem Christusselbst geworden ist. In der Tat wohnten Vater und Sohn voll und ganz in Jesus, wie er es selbst gesagt und wie Paulus es bezeugt hat. Das Christusselbst ist der Christus Jesu und auch Ihr und mein Christus.

Es gibt in der Heiligen Schrift kein Zeugnis von Jesus, in dem er sagt, dass er der einzige Sohn Gottes ist und das „Exklusivrecht" der göttlichen Sohnschaft Christi besitzt. Der orthodoxe Glaube liegt demnach falsch mit seiner Behauptung, dass allein Jesus die Göttlichkeit und Sohnschaft besitzt. Damit versagt er allen anderen Seelen das Gottespotenzial und das Christuspotenzial. Er übersieht, was der Apostel Johannes sah, nämlich dass jeder Mensch, also jede *Manifestation* Gottes, die in die Welt tritt, vom Licht desselben Gottes und desselben Christus erleuchtet wird, die sich ihren Wohnsitz im Tempel Jesu nahmen. „Das war das wahrhaftige Licht, welches alle Menschen erleuchtet, die in diese Welt kommen."[5]

Der Unterschied zwischen Jesus und uns restlichen Menschen liegt darin, dass Jesus die volle Verwirklichung dieser Gottheit und des eingeborenen Sohnes leibhaftig innewohnen hatte. Da wir unsere Christusschaft in unserer Seele und in unserem fleischlichen Körper noch nicht perfektioniert haben, befinden sich die ICH-BIN-Gegenwart und das Christusselbst über uns – und nicht in uns – und gehen uns voran, um uns den Weg zu leuchten.

Jede Seele hat eine Mission. Jesu Mission war es, den Weg der Vereinigung der Seele mit der ICH-BIN-Gegenwart und dem Christusselbst aufzuzeigen. Er war das Vorbild dafür, wie jeder von uns eines Tages werden muss. Er ist unser Herr und Retter, weil wir uns vom Haus des Vaters und des Sohnes weit entfernt haben – und daher können wir weder selbst, ohne seine Vermittlerdienste, in unsere wahre Beziehung mit dem Vater und dem Sohn, die in der Abbildung dargestellt ist, eintreten, noch ohne seine Gnade unser göttliches Erbe in Empfang nehmen.

Ihr Christusselbst begleitet Sie, wo immer Sie sind und wohin auch immer Sie gehen. Dieses Christusselbst verleiht Ihnen die Fähigkeit, sich des Christus jederzeit bewusst zu sein, oder mit anderen Worten: stets im Christusbewusstsein zu sein.

Die ersten christlichen Gnostiker, deren Schriften von der orthodoxen Kirche unterdrückt wurden, lehrten genau diese Prinzipien. Der Evangelist Philip beschreibt den Anhänger Jesu, der ganz in seinen Fußspuren wandelt, als: „Nicht mehr Christ, sondern ein Christus."[6] Im Thomasevangelium sagt Jesus: „Wer von meinen Lippen trinkt, wird werden wie ich, und ich selbst werde werden wie er."[7] Sie können sich Jesus vorstellen, wie er sagte: „Das ICH, das der Christus in mir ist, ist das gleiche ICH, das der Christus in euch ist. Wenn ihr also [eins mit] dem selben Christus geworden seid, der ICH BIN [denn es gibt nur einen Christus], dann werde ich zu euch und ihr zu mir – wie ICH BIN."

In buddhistischen Texten ist auch von einem göttlichen Wesen die Rede, das jede Seele auch im Außen leben und zeigen kann. Sie beschreiben es als „Buddhaessenz", die „in allen Lebewesen zu allen Zeiten" existiert.[8] Im Westen ist diese Vorstellung von der möglichen Inkarnation des Lichtes Gottes oder des „inneren

„Buddhas" und des „inneren Christus" in jedem Kind Gottes nicht sehr bekannt, jedoch Bestandteil der in unserer heutigen Zeit aufkommenden Spiritualität.

Die Silberschnur

Der weiße Lichtstrahl, der von der ICH-BIN-Gegenwart durch das Christusselbst auf die untere Gestalt herabströmt, ist die Kristallschnur. Johannes sah die Kristallschnur und beschrieb sie als „lautern Strom des lebendigen Wassers, klar wie ein Kristall".[9] Sie können sie sich wie eine „Nabelschnur" vorstellen, die Rettungsleine, die Sie mit dem Höheren Selbst verbindet. Über diese Schnur strömen das Licht, die Energie und das Bewusstsein Gottes beständig durch Sie hindurch und schenken Ihnen Leben, Atem und Vitalität. Das Licht dringt vom Scheitel in den Körper ein und nährt die spirituelle Flamme im Herzen, genauso hält es auch den physischen Herzschlag und alle Körperfunktionen aufrecht.

Ihre vier niederen Körper

Die untere Gestalt in der Abbildung Ihres göttlichen Selbst stellt Sie selbst dar, den Aspiranten auf dem spirituellen Pfad, eingehüllt in die violette Flamme, das spirituelle Feuer des Heiligen Geistes. Jeder von uns besitzt eine Seele, und die Seele besitzt ein Bewusstsein, das in jeden Teil unseres Körpers, ja sogar in unseren feinstofflichen Körper, integriert ist. Wir sind nicht nur unser physischer Körper. Wir sind großartige spirituelle Wesen, die gerade eben einen physischen Körper tragen. Doch wir verfügen auch über andere Gefährte, andere Seelenkleider. Wir denken, wir haben Gefühle und Begierden, und wir verfügen über eine Seelenerinnerung an die Vergangenheit, die wir mitbringen. Folglich besitzen wir einen Mentalkörper, einen Körper des Begehrens, einen Körper der Erinnerung sowie einen physischen Körper. Diese vier Körper sind die „Röcke von Fellen"[10], die die Seele kleiden. Sie finden ihre Entsprechung in den vier Elementen.

Der ätherische Körper, oder Körper der Erinnerung, besitzt die höchste Schwingung der vier niederen Körper und ist die natürliche Umhüllung der Seele. Der ätherische Körper entspricht dem Element Feuer. In dieser ätherischen Hülle hat Gott die Blaupause der Seelenidentität untergebracht, die Blaupause, die sich als Bewusstsein, als Geist, Emotion und physische Matrix selbst manifestieren wird.

Der ätherische Körper besteht aus zwei Kammern. Der höhere ätherische Körper enthält das unverfälschte Licht unseres ursprünglichen göttlichen Plans sowie die Aufzeichnung alles Guten, das wir jemals vollbracht haben und das sich an unseren Kausalkörper geheftet hat. Er entspricht unserem Überbewusstsein. Der niedere ätherische Körper enthält die unbewussten Aufzeichnungen und Muster all dessen, was wir im materiellen Universum erfahren haben.

Die beiden ätherischen Körper enthalten im menschlichen Wesen die Aufzeichnungen seines Himmels und seiner Erde, die Aufzeichnungen der Perfektion des Ursprungs dieser Seele in Gott, seiner Himmelswelt sowie die Aufzeichnungen dessen, was er aufgrund seiner vielfältigen Erfahrungen während seiner

Inkarnationen in Raum und Zeit aus seiner Seele und seinem Bewusstsein gemacht hat.

Der Mentalkörper hat seine Entsprechung im Luftelement. Dieser Körper ist als Gefährt des Geistes Gottes und des Geistes des Christus' und Buddhas gedacht, doch stattdessen haben wir diese wertvolle Energie, die uns jeden Tag geschenkt wird, genommen und ihr unsere Version des Geistes aufgeprägt. Dadurch wurde er zu einem fleischlichen Geist oder zum Intellekt. Wir haben den Mentalkörper als Gefäß für das weltliche Wissen allein und nicht für das Wissen sowohl über diese Welt als auch über die nächste benutzt.

Bei den meisten Menschen ist der Mentalkörper zu einem sehr begrenzten Gefährt geworden, wobei er das Werkzeug der Fülle des Geistes Gottes sein könnte, die sich in Jesus Christus und Gautama Buddha manifestiert hatte.

Der Zweck des Körpers des Begehrens - auch „Körper der Gefühle" genannt - besteht darin, den Wunsch Gottes auszudrücken. Gott möchte einfach Gott sein. Gott, der wünscht, Gott zu sein, sollte die Erfahrung bei unseren Meditationen und Gesprächen sein. Der Gefühlskörper ist der Körper der Energie in Bewegung („E-motion") und hat seine Entsprechung im Wasserelement. Durch diesen Körper, so lautet der Plan, sollen wir die intensiven Gefühle Gottes, in Form von Liebe, Wahrheit, Freundlichkeit, Mitgefühl, Reinheit usw., zum Ausdruck bringen. Doch stattdessen benutzen heute viele Menschen den Emotionalkörper, um Gefühle der Wut und des Stolzes, des Neides und der Rachsucht, des Hasses und der tiefen Angst und Furcht zu speichern.

Schließlich haben wir noch den physischen Körper, der von Gott als Gefährt für die Seele und den Geist bestimmt wurde. Obgleich unser physischer Körper der Tempel des Heiligen Geistes, der Tempel des lebendigen Gottes, sein soll, haben viele Menschen zugelassen, dass alle möglichen Arten von Perversionen und Unreinheiten in den Tempel eingedrungen sind – alles angefangen bei der Verunreinigung unserer Nahrung bis hin zur Finsternis, die von den geistigen Welten und den Gefühlswelten widergespiegelt wird. Die Unterminierung des physischen Tempels ist sehr stark geworden, und viele sind unsichtbaren Mächten unterworfen. Zu Zeiten Jesu betrachtete man dies als Dämonenbesessenheit.

Diese vier niederen Körper bilden die vier Seiten unserer großen Pyramide des Lebens. Sie sind die Demarkationslinien, die uns vom Massenbewusstsein trennen. Wenn wir über eine Identität verfügen, die klar in Gott definiert ist, dann können wir die Einzigartigkeit des Selbst in Gott bewahren. Ist unsere Individualität nicht klar definiert, so neigen wir dazu, mit jeder Art von Schwingung – ob sichtbarer und unsichtbarer – zu verschmelzen wie eine Qualle, die im Meer des Massenbewusstseins dahintreibt. Die vier niederen Körper sind Bewusstseinshüllen, die sich gegenseitig durchdringen. Sie sind vergleichbar mit vier Sieben, die ineinandergesteckt sind. Liegen die Löcher direkt übereinander, so kann das Wasser mit Leichtigkeit durch alle vier Siebe fließen. Liegen die Löcher in den Sieben jedoch nicht übereinander, so werden die Löcher verstopft, und das Wasser kann nicht hindurchfließen. In ähnlicher Weise kann das Licht frei durch die vier niederen Körper hindurchfließen, wenn diese richtig ineinandersitzen und entsprechend ihrer ursprünglichen Bestimmung funktionieren.

In vielen Fällen müssen die vier niederen Körper gereinigt und geheilt werden, damit sie für den Geist Gottes eine passendere Unterkunft bilden können. Die verschiedenen Körper beeinflussen sich gegenseitig, und Belastungen in einem Körper können sich in den anderen Körpern widerspiegeln. Ganzheit entsteht durch die Integration der Energien der vier niederen Körper, und diese Integration erfolgt durch die Flamme im Herzen.

Alle Kinder Gottes haben einen göttlichen Funken im Herzen. Sie haben das Potenzial, das Höhere Selbst, der Christus im Inneren oder der innere Buddha in seiner ganzen Herrlichkeit zu werden. Diese Vorstellung eines Lichts im Inneren ist das Herzstück der großen Weltreligionen des Ostens wie des Westens. Durch diesen göttlichen Funken haben wir die Möglichkeit, zu Gott zurückzukehren, wie Jesus es tat.

Ihre Seele und Ihr Geist

Ihr niederes Selbst besteht aus Ihrer Seele und Ihrem Geist. Ja – Sie besitzen eine Seele und einen Geist, und die beiden sind nicht ein und dasselbe.

Ihr GEIST (groß geschrieben) ist der männliche Aspekt Gottes – Gott der Vater. Er stellt auch die Ebene der ICH-BIN-Gegenwart dar. Ihr Geist (normal geschrieben) ist die Quintessenz Ihres Selbst. Er ist die durchdringende und dominierende Gegenwart, unter der Sie bekannt sind. Er wird als das Atem spendende oder lebenswichtige Prinzip in Ihrem Leben definiert, das Sie durch all Ihre Seeleninkarnationen hinweg mitnehmen. Er bestimmt Ihre Energie sowie darüber, welche Art von Mensch Sie sind. Ihr Geist ist die vorherrschende Schwingung, die sich in Ihrem Charakter widerspiegelt – die Essenz dessen, wer Sie sind.

Die Seele ist der unbeständige Aspekt des Daseins, der sich durch Raum und Zeit weiterentwickelt. Es kann vorkommen, dass die Seele verloren geht. Es ist auch möglich, dass die Seele durch das Ritual der Rückkehr zu Gott, durch den sogenannten „Seelenaufstieg", unvergänglich wird.

Die Seele ist das weibliche Potenzial des Menschen als Gegenpol zum männlichen GEIST, weshalb man auch in der weiblichen Form von ihr spricht. Die Seele ist auch unter dem Begriff „inneres Kind" bekannt. Dieses innere Kind ist äußerst sensibel und verfügt in Bezug auf die Dinge, die in unserer Welt ablaufen, über ein sehr tiefes Verständnis und eine Bewusstheit auf der sogenannten „Seelenebene". Die Seele braucht die Führung und den Trost des inneren liebevollen Erwachsenen oder des Höheren Selbst.

Das Geschenk des freien Willens

Ein universelles Gesetz, mit dem wir tagtäglich in Berührung kommen, ist das Gesetz des freien Willens. Die Erde ist ein Schulhaus. Wir sind hier, um unsere Lektionen zu lernen und hier in diesem Schulhaus den Abschluss zu absolvieren. Um diese Lektionen zu lernen, schenkte uns Gott hier auf Erden den freien Willen.

Der freie Wille ist eines der größten Geschenke des Universums. In der Tat sagte Gott zu uns: „Ich gebe euch im gesamten materiellen Universum den freien Willen. Tut, was ihr wollt. Wenn ihr Hilfe wollt, müsst ihr mich anrufen, denn ich habe euch den freien Willen in allem, was ihr tut, garantiert und gewährt." Diese Erde, diese physische Ebene, ist unser Raum – was darin abläuft, bestimmen Sie und ich.

Gott hat uns zwei Dinge geschenkt: den freien Willen und den Planeten Erde. Er wird uns diesen freien Willen nicht mehr nehmen, indem er eingreift und für uns die Dinge vollbringt, die wir laut Plan eigentlich erfüllen sollen. Wenn wir möchten, dass Gott auf Erden eingreift, müssen wir, die wir uns in unserer körperlichen Inkarnation befinden, laut und deutlich um Hilfe bitten und der Himmelswelt die Ermächtigung erteilen einzugreifen. Unser Ruf und unsere Bitte um Hilfe ermächtigt die Engel und Meister dazu, aus ihrem Lichtreich heraus zu antworten.

Gott wird keinen Druck auf uns ausüben bzw. uns in irgendeiner Weise zu etwas zwingen, denn die Freude über den freien Willen ist wahrhaftig die Freude des Kosmos', und diese Freude ist der Motor des Lebens. Da wir den freien Willen besitzen, können wir entscheiden: tun oder nicht tun, sein oder nicht sein. Gott ist ein liebevoller Vater, und das Geschenk des freien Willens ist die große Liebe, die Gott für uns hegt. Wir können im Glanz unserer richtigen Entscheidungen wandeln und die Folgen unserer falschen Entscheidungen erfahren. Wir können die falschen Entscheidungen zurücknehmen und sie durch die richtigen ersetzen, während Gott uns führt und wir aus den Ergebnissen unserer Entscheidungen lernen.

Der Ausgleich von Karma

Die meisten von uns sind hier auf Erden, da sie eine Mission zu erfüllen und unerledigte Aufgaben sowie Schulden gegenüber dem Leben haben. Die Prinzipien von Karma und Reinkarnation helfen uns, unsere Position in der Welt zu verstehen, und sie geben uns Einblicke in die Mission, die unser einzigartiges Geschenk an die Welt ist.

„Karma" ist ein Wort, das wir in diesen Tagen oft hören, doch nur wenige Menschen verstehen wirklich, wie Karma funktioniert, und noch weniger Menschen wissen, wie man damit umgeht. Viele Menschen glauben, Karma bedeute „Schicksal", etwas Unausweichliches, und das tut es auch. Doch Karma ist mehr als Schicksal und mehr als das Unausweichliche.

„Karma" kommt vom Sanskritwort für „Tat". Die hinduistische Definition ist eine geistige oder körperliche Aktivität und deren Folgen. Im buddhistischen Sinne wird Karma als das universelle Gesetz von Ursache und Wirkung definiert.

Man sagt: „Wie man in den Wald hineinruft, so schalt es zurück." Was wir säen, das werden wir ernten. Karma sind die Ursachen, die wir in Gang gesetzt haben, und die Folgen, die wir aufgrund dieser Ursachen ernten werden. Unsere Gedanken, Gefühle, Worte und Taten der Vergangenheit bestimmen das Leben, das wir jetzt gerade führen. Was wir denken, fühlen, sagen und tun, sendet Wellen in die Welt der Form aus. Das Gute oder nicht so Gute, das wir in der Vergangenheit in Bewegung gesetzt haben, kehrt zu uns zurück. Im Westen finden wir das Gesetz des Karmas in der Bibel – es zieht sich durch diese hindurch. Der Apostel Paulus verdeutlicht, was unser Herr ihn gelehrt hat und was er selbst vom Leben gelernt hat:

„Denn ein jeglicher wird seine Last tragen (...) Irret euch nicht! Gott lässt sich nicht spotten. Denn was der Mensch sät, das wird er ernten.

Wer auf sein Fleisch sät, der wird von dem Fleisch das Verderben ernten; wer aber auf den Geist sät, der wird von dem Geist das ewige Leben ernten.

Lasset uns aber Gutes tun und nicht müde werden; denn zu seiner Zeit werden wir auch ernten ohne Aufhören.

Als wir denn nun Zeit haben, so lasset uns Gutes tun an jedermann.“[11]

Paulus sagt uns, dass wir im Leben die richtige Wahl treffen sollen. Wenn wir positive Gedanken und Gefühle, Werke und Worte aussenden, wird das Gleiche auf uns zurückkommen. In ähnlicher Weise kehren unsere unfreundlichen Worte und unser verletzendes Benehmen mit der Zeit zurück, indem die negative Energie im Kreislauf zu uns zurückkehrt, um ausgeglichen zu werden. Die Entscheidungen, die wir treffen, die Worte, die wir sprechen, unsere Gedanken, Gefühle und Handlungen beeinflussen den Verlauf unseres Lebens und des Lebens derer, mit welchen wir in Kontakt kommen. Entscheidungen, die wir in der Vergangenheit getroffen haben, nehmen Einfluss auf unsere Gegenwart und Zukunft. Jeder von uns erntet heute das Karma der Entscheidungen von gestern.

Da es oft nicht möglich ist, unsere ganze Ernte in einem Leben einzubringen, erfüllt sich das Gesetz des Karmas durch das daraus resultierende Gesetz der Reinkarnation. Reinkarnation ist die Gnade Gottes, die es uns erlaubt, die Ernte unserer Saaten der Vergangenheit hier auf Erden einzubringen und uns nicht voreilig dem „Himmel“ oder der „Hölle“ zu übergeben, wenn wir für keines von beiden bereit sind und noch Dinge auf Erden erledigen müssen. Mit anderen Worten: Gott erlaubt uns zu reinkarnieren, um Wiedergutmachung für vergangene Fehler zu leisten. Die Ausarbeitung des Gesetzes ist sehr exakt. Wir werden womöglich in eine Position platziert werden, in der wir denjenigen dienen, denen wir in vergangenen Leben Unrecht getan haben. Und Gott schickt diejenigen in Inkarnation zurück, deren Gelegenheit, ihr Schicksal im Leben zu erfüllen, möglicherweise beeinträchtigt oder abgeschnitten wurde.

Durch unser Karma sind wir belastet, doch mit der Ausübung unseres freien Willen ist es uns möglich, die Ketten unseres Karmas innerhalb bestimmter Parameter zu sprengen. Die Reinkarnation gibt uns die Möglichkeit, die Lektionen zu lernen, die uns unser wiederkehrendes Karma - gutes wie schlechtes - mit seiner akkuraten Disziplin lehrt. Dann wird der freie Wille es uns erlauben, die Wahl zu treffen, aus der Ernte unserer Talente und guten Werke Kapital zu schlagen und den Missbrauch von Gottes Licht, seiner Energie und seines Bewusstseins „auszugleichen". Wir schaffen gutes Karma und gleichen negatives aus, indem wir anderen dienen und helfen, indem wir Liebe, Frieden und Mitgefühl aussenden, indem wir nach dem Grundsatz des Buddhas korrekt handeln und reden sowie indem wir für die Wahrheit einstehen und das Leben verteidigen, wo immer uns dies möglich ist.

Am Ende des Lebens werden wir all die Handlungen in diesem Leben sowie die Auswirkungen unserer Gedanken, Worte und Taten Revue passieren lassen. Menschen, die durch ein Nahtod-Erlebnis eine Vorschau auf den Rückblick auf dieses Leben erhalten haben, berichten uns, dass wir Ereignisse nicht aus der Perspektive eines Beobachters erleben werden, sondern als Empfänger dessen, was wir in diese Welt projizieren.

Dannion Brinkley begegnete bei seinem Lebensrückblick einem Lichtwesen, das sagte: „Wir sind alle ein Glied in der großen Kette der Menschheit. Was du tust, hat Auswirkung auf die anderen Glieder dieser Kette."[12]

Dannion wurde eine gewisse Zeitspanne gewährt, um darüber nachzudenken, wie viel Liebe er anderen entgegengebracht und wie viel Liebe er empfangen hatte. Er konnte die Botschaft des liebevollen Wesens hören: „Die Menschen sind kraftvolle spirituelle Wesen, die dazu bestimmt sind, Gutes auf Erden zu tun. Dieses Gute wird normalerweise nicht durch tollkühne Taten vollbracht, sondern durch den Austausch einzigartiger Liebenswürdigkeiten zwischen Menschen. Es sind die kleinen Dinge, die zählen, da sie spontaner sind und zeigen, wer du wirklich bist."

Dannion fühlte sich beflügelt, da er nun das einfache Geheimnis kannte: „Das Maß an Liebe und gutem Gefühl, das ihr am Ende eures Lebens habt, entspricht dem Maß an Liebe und gutem Gefühl, das ihr in euer Leben investiert habt. So einfach ist das!"[13]

Der Seelenaufstieg – Vereinigung mit Gott

Der Zweck der Entwicklung unserer Seele im Schulhaus Erde besteht darin, die Lektionen des Lebens zu lernen und alles zu erfüllen, was hier unsere Bestimmung ist. Tagtäglich können wir mehr vom Christusbewusstsein entfalten und mehr von diesem Selbst offenbaren.

Der Höhepunkt des Pfades des Christentums ist der Seelenaufstieg, eine spirituelle Beschleunigung des Bewusstseins, die am natürlichen Ende des letzten Lebens eines Menschen auf Erden stattfindet. Durch den Seelenaufstieg verschmilzt die Seele mit dem Christusselbst und kehrt zu Vater-Mutter-Gott zurück, befreit vom Rad des Karmas und der Wiedergeburt.

Der Seelenaufstieg erfolgt nach Vollendung vieler Leben, in denen die Seele dem Leben gedient hat. Die Voraussetzungen für diesen Abschluss im Schulhaus Erde sind: 1. Die Seele muss mit ihrem Christusselbst eins werden; 2. Sie muss mindestens 51 Prozent ihres Karmas ausgleichen; und 3. Sie muss ihre Mission auf Erden gemäß ihrem göttlichen Plan erfüllen.

Der Seele, die mit Gott wandelt, ist es möglich, die Flamme, das Licht und das Bewusstsein ihres wahren Selbst wahrhaftig zu verkörpern, lange bevor sie im Ritual des Seelenaufstiegs nach Hause berufen wird; doch erst zur Stunde ihres Aufstiegs verschmilzt sie mit der ICH BIN-Gegenwart – auf ewig.

Ist die alchemistische (kymische) Hochzeit der Seele mit dem heiligen Christusselbst vollständig vollzogen, so wird der Heilige Geist auf die Seele kommen, die die Anerkennung durch den Vater hören darf: „Dies ist mein lieber Sohn, an welchem ich Wohlgefallen habe"[14], ein Zeugnis dafür, dass der Menschensohn das heilige Gefäß des Gottessohnes geworden ist.

Durch den Aufstieg wird die Seele unzerstörbar. Die Seele, die ab diesem Moment als Aufgestiegener Meister gilt, empfängt die Krone des ewigen Lebens. Dies ist das vollkommene Ziel des Lebens, das eifrig erstrebt werden sollte.

III. Kapitel

Sie sind ein spirituelles Wesen

Wir alle kamen in dieses Leben mit Aufgaben, die wir zu erfüllen haben. Bei vielen von uns handelt es sich um Unerledigtes aus früheren Leben. Jeder Mensch hat einen göttlichen Plan. Jede Familie, jede Gemeinde, sogar unsere Nation und die Erde selbst haben einen göttlichen Plan, eine Vorgabe, wie die Dinge sein sollten. Dieser göttliche Plan unterscheidet sich oft sehr stark vom augenblicklichen Stand der Dinge.

Ein wenig Extra-Gepäck

Das Problem, das wir bewältigen müssen, wenn wir nach unserem Schulabschluss aus dem Schulhaus Erde als integrierte Persönlichkeit in Gott hervorgehen wollen, ist folgendes: Während unseres Aufenthaltes auf diesem Planeten wurden unsere spirituellen Poren mit einer Menge menschlichen Karmas und astraler Feinstaubpartikel (d. h. dem Staub und Schmutz der über die Jahrhunderte hinweg fehlgeleiteten oder verunstalteten Energien) verstopft. Außerdem trägt jeder von uns einen gewissen Prozentsatz des gesamten Planetenkarmas in seinen vier niederen Körpern.

Während wir den reinen Lebensstrom Gottes, der beständig von unserer ICH-BIN-Gegenwart zu unserem Gebrauch auf uns herabströmt, verunstaltet haben, hat er sich im Unterbewusstsein als Ringe an unserem Lebensbaum und im kollektiven Unbewussten der Menschheit angesammelt. Ob wir wollen oder nicht, wir *tragen* definitiv gegenseitig die karmische Last der anderen, einfach, weil wir Teil dieser Evolution sind. Und auch das ist unser Karma!

Eine plastische Darstellung der Art und Weise, wie sich negative Energie ansammeln kann, wurde in der Komödie „Ghostbusters 2" von 1989 gezeigt. Am Anfang des Films entdecken die „Ghostbusters" einen Fluss mit pink-orangem Schleim, der durch einen verlassenen U-Bahn-Tunnel in Manhattan fließt. Sie beschließen, dass der Schleim materialisierte negative Emotionen des Menschen darstellt – Hass, Gewalt und Wut.

Der Schleim beginnt zu wachsen und sich zu vermehren und gewinnt entsprechend dem Maß, wie die Bevölkerung weiterhin negative Energien erzeugt, an Masse. Er beginnt, sich durch die Gehsteige nach oben zu drücken, und droht, die Stadt einzunehmen und eine „Zeit des Bösen" einzuleiten. Der Bedrohung kann nur mit positiver Energie entgegengewirkt werden – mit Frieden, Liebe und guten Gefühlen. Um die positive Energie der New Yorker zu aktivieren, laden die Ghostbusters die Freiheitsstatue elektrisch auf, so dass sie zum Leben erweckt wird und nach Manhattan hineinwatet. Die Menschen kommen hinaus auf die Straße und jubeln. Schließlich ist der Schleim besiegt, als die Menge singt: „Auld Lang Syne".

(Interessanterweise ist die Göttin der Freiheit ein bedeutsames spirituelles Wesen, deren Rückzugsort, der Sonnentempel, sich in der ätherischen Oktave über Manhattan befindet. Ihr Rückzugsort, der einst auch physisch war, wurde zur Zeit des Untergangs des alten Kontinents Atlantis auf die ätherische Oktave gehoben.)

Obgleich wir den Film nicht allzu ernst nehmen sollten, illustriert „Ghostbusters 2", was die Menschen, die feinfühlig sind, schon immer gewusst haben: Die negative Energie, die wir aussenden, zieht mehr von ihrer Art an und kehrt allmählich zu uns zurück, außer wir suchen und finden eine Möglichkeit, sie aufzulösen. Früher oder später schwappt der astrale Schleim sonst in die physische Ebene über – und aus dem Nebel wird Kristall.

Ihre sieben Energiezentren

In unserem Körper befinden sich sieben Hauptenergiezentren, die sogenannten „Chakren" (ein Begriff aus dem Sanskrit, der „Rad" oder „Scheibe" bedeutet). Die Chakren sind innere Transformatoren, die den Strom der Energie Gottes entsprechend den Bedürfnissen der vier niederen Körper regulieren. Die sieben Hauptchakren sind entlang der Wirbelsäule vom Steißbein bis hin zum Scheitel aufgereiht. Sie stehen mit den Organen des physischen Körpers und den verschiedenen Gruppen von Nervenzentren in Beziehung.

Man kann sich ein Chakra wie eine Sende- und Empfangsstation für Energie vorstellen. Die Chakren sind keine statischen Lichtpunkte, sondern dynamische Energiezentren, die beständig spirituelle Energie und Licht aufnehmen, speichern und wieder abgeben. Die Lebensenergie oder das „Prana" strömt durch den Körper entlang eines Netzwerkes von fadenartigen Nervenkanälen, die den Meridianen entsprechen, die bei der Akupunktur und anderen Heiltechniken benutzt werden.

Während wir uns spirituell weiterentwickeln, durchlaufen die Chakren ebenfalls einen Entwicklungsprozess. Sie reichen von kleinen, schlummernden bis hin zu vollkommen erwachten Chakren; in diesem Zustand strahlen sie viel Licht aus. Diese Zentren können bei verschiedenen Menschen unterschiedlich aussehen, abhängig von ihrem früheren und jetzigen Einsatz der Energie und von den verschiedenen Stadien der spirituellen Entwicklung. Die korrekte Pflege und der richtige Einsatz dieser Energiezentren führt zu einer größeren Vitalität in unserem physischen Körper sowie in den drei feineren Körpern.

So, wie Sie durch Ihre Atemorgane ein- und ausatmen, nehmen alle Chakren die Energien Gottes entsprechend der Frequenz, die jedem spezifischen Chakra zugeteilt ist, auf und geben diese wieder ab. Während das Licht von unseren Chakren ausströmt, bildet es ein strahlendes Energiefeld – die Aura –, das alles durchdringt und sich über die Begrenzungen unserer physischen Gestalt hinaus erstreckt. Sie können über diese sieben Zentren des Seins Licht auf den Planeten senden.

Die Größe des Kraftfeldes Ihrer Aura steht in direkter Beziehung zu Ihrer Meisterung der sieben Energiezentren, insbesondere des Herzzentrums. Je mehr Selbstmeisterung Sie erlangt haben, desto größer ist Ihre Aura und desto mehr Einfluss haben Sie folglich auch auf die Welt. Ein großer Adept, ein spirituelles Wesen oder ein Heiliger kann unter Umständen eine Aura haben, die eine ganze Stadt umfasst.

Erinnern Sie sich an Jesu Parabel von den fünf törichten und den fünf klugen Jungfrauen? Sie ist wirklich eine Lektion darüber, wie man das Licht in unseren Chakren richtig hütet. Die klugen Jungfrauen sind diejenigen, die immer Öl in ihren Lampen hatten. Im spirituellen Sinne waren ihre Lampen ihre Chakren, ihre spirituellen Energiezentren. Unsere Chakren sollen mit Licht erfüllt sein, und die klugen Jungfrauen hielten ihre Lampen mit Öl gefüllt - ihre spirituellen Zentren waren vom Licht erfüllt. Die törichten Jungfrauen dagegen verschwendeten und vergeudeten das Licht ihrer Chakren, und sie hatten kein Öl mehr in ihren Lampen. Der Bräutigam ist der Christus, das Höhere Selbst, der Meister und der Lehrer. Als der Bräutigam kam, konnten die Jungfrauen nicht eintreten, da sie das Licht nicht in ihrer Aura hatten. Die Lektion aus dieser Parabel ist Folgende: Wenn wir Licht in unseren Chakren haben, sind wir besser imstande, das Höhere Selbst, die Engel und die Meister zu empfangen.

Die Chakren werden als „Lotos" bezeichnet, da sie, wenn man sie vom spirituellen Reich aus betrachtet, wie eine Blüte aussehen, die sich gerade öffnet. Jedes Chakra hat eine bestimmte Anzahl von Blütenblättern, die seine Frequenz oder Schwingung bestimmen. Der Prophet Hesekiel beschrieb die Chakren als „Räder in Rädern".

Die Abbildungen auf Seite 96 zeigen die sieben Chakren, sowie die Anzahl der Blütenblätter eines jeden Chakras. Diese, ihre

Farbe sowie die Qualität der Energie, die bei jedem Chakra erfahren werden kann, sehen Sie in den Tabellen auf den Seiten 59 und 60.

Vielleicht ist Ihnen aufgefallen, dass einige geistige Richtungen voneinander abweichende Farben für die Chakren angegeben haben. Die Aufgestiegenen Meister haben ihren Sendboten die reinen Farben enthüllt, wie diese in den Chakren auf der höchsten Stufe des gereinigten ätherischen Körpers erscheinen würden. Auf niedereren Ebenen des Seins jedoch können sie sehr wohl anders aussehen, insbesondere, wenn die Aura nicht gereinigt ist. Einige Hellseher, die ihre Version der Farben genannt haben, haben die Verfassung der Chakren im ungereinigten Zustand des menschlichen Bewusstseins gesehen.

Nachdem die Chakren in den Plus- und Minuspolen, dem Yin und Yang des wirbelnden Tai Chi, gereinigt und harmonisiert wurden, senden sie die reinen Farben der sieben Strahlen des Kausalkörpers aus, der ineinander verschachtelten Kugeln, die die ICH-BIN-Gegenwart umgeben (siehe Abbildung Ihres göttlichen Selbst, S. 36).

Idealerweise sollte das Chakra auf der gleichen Wellenlänge wie die entsprechende Kugel des Kausalkörpers schwingen – „wie oben, so unten". Daher gibt es die sieben Strahlen, die sieben Kugeln und die sieben Chakren. Wir wollen ein Chakra nach dem anderen von oben nach unten betrachten:

Das Kronenchakra ist der Punkt des Denkens und des Nachdenkens. Es ist das Licht oder der „Heiligenschein", den man in der Aura der Heiligen im Kopfbereich sieht. Im Osten heißt das Kronenchakra „Tausendblättriger Lotos". Wenn Sie studieren, sind Sie in Ihrem Geist zentriert, und Ihre Energie ist in diesem Chakra zentriert. Ihr Gehirn ist dazu

DIE SIEBEN CHAKREN UND DIE SIEBEN STRAHLEN

Chakra	Strahl	Farbe	Anzahl der Blütenblätter
Kronenchakra	2	goldgelb	972
Drittes Auge	5	smaragdgrün	96
Kehlchakra	1	blau	16
Herzchakra	3	rosa	12
Solarplexus-Chakra	6	purpur und gold mit rubinroten Flecken	10
Sitz-der-Seele-Chakra	7	violett	6
Wurzelchakra	4	weiß	4

bestimmt, ein Gefährt für den gleichen Geist zu sein, der in Christus Jesus war, und Sie sind dazu bestimmt, den Geist Gottes zu erfahren.

Das Dritte Auge sitzt in der Mitte zwischen den Augenbrauen. Hier erfahren wir Gott als Konzentration, während wir uns konzentrieren und durch das geistige Auge visualisieren. Dieses Chakra ist mit der Vision verbunden, sowohl mit der

NUTZEN UND MISSBRAUCH DER CHAKREN

Chakra	positiver Ausdruck	Ausdruck im unaus-geglichenen Zustand
Kronenchakra	Erleuchtung, Weisheit, Selbsterkenntnis, Verständnis	intellektueller und spiritueller Stolz, Eitelkeit, Engstirnigkeit, Ignoranz
Drittes Auge	Heilung, Wahrheit, Vision, Fülle, Reichtum, Beständigkeit	Falschheit, mangelnde Vision, geistige Kritik, mangelnde Klarheit
Kehlchakra	Kraft, Wille, Glaube, Schutz, Mut	Kontrolle, Verurteilung und Verachtung, leeres Gerede, Klatsch, Feigheit, Zweifel
Herzchakra	Liebe, Mitgefühl, Schönheit, Selbstlosigkeit	Hass, Abneigung, Egoismus, Selbstmitleid, menschliches Mitleid, Nachlässigkeit
Solarplexus-Chakra	Frieden, Brüderlichkeit, Dienst, Harmonie	Wut, Unruhe, Fanatismus, Furcht, Angst, Passivität, übertriebene Nachsicht und übermäßiger Genuss
Sitz-der-Seele-Chakra	Freiheit, Gnade, Vergebung, Gerechtigkeit, Alchemie	Unversöhnlichkeit und Mangel an Vergebung, Gerechtigkeit oder Gnade; Intoleranz, Missachtung anderer
Wurzelchakra	Reinheit, Hoffnung, Freude, Selbstdisziplin	Entmutigung, Hoffnungslosigkeit, Unreinheit, Chaos

spirituellen als auch mit dem physischen Sehen. Durch dieses Auge sollen wir Gottes Schöpfung sehen, so, wie er sie sieht – rein und vollkommen. In diesem Chakra können wir die „Wissenschaft des makellosen Konzepts" anwenden, um das Beste in uns selbst und in anderen hervorzubringen.

Das Kehlchakra ist unser Kraftzentrum. Die Kraft der Rede und des gesprochenen Wortes verleiht uns die Kraft zu schöpfen, zu bewahren und zu zerstören. Unsere Stimme und unsere Worte sprechen Bände und können Menschen zum Guten oder Schlechten hin beeinflussen. Während wir mit anderen sprechen, können wir sie segnen oder verfluchen, sie erhöhen oder erniedrigen. Wir können mit dem gesprochenen Wort alles tun, da es das Geschenk Gottes und der Punkt ist, an dem wir Gott als Kraft erfahren.

Im *Herzchakra* in der Brustmitte erfahren wir Gott als Liebe. Die Herzensliebe ist in jedem Augenblick erfahrbar, in dem wir einander lieben, so, wie Gott uns schon immer geliebt hat. Die göttliche Liebe ist ein disziplinierter Weg, der nicht einfach ist – jedoch sehr wohl der Mühe wert.

Das Solarplexus-Chakra ist als Ort des Friedens gedacht. Jesus war der Friedensfürst und besaß die völlige Meisterschaft über dieses Chakra. Wir sollen einst die gleiche Meisterschaft erringen. Dieses Chakra, das direkt über dem Nabel sitzt, heißt „Sonnengeflecht". Es ist der Ort, von dem aus „Ströme des lebendigen Wassers fließen" sollten, wie Jesus sagte.[15] In jedem Chakra erfahren wir das genaue Gegenteil Gottes sowie die Fülle Gottes. Der Solarplexus ist dabei der Punkt, an dem wir unsere Emotionen erfahren, sowohl gute als auch

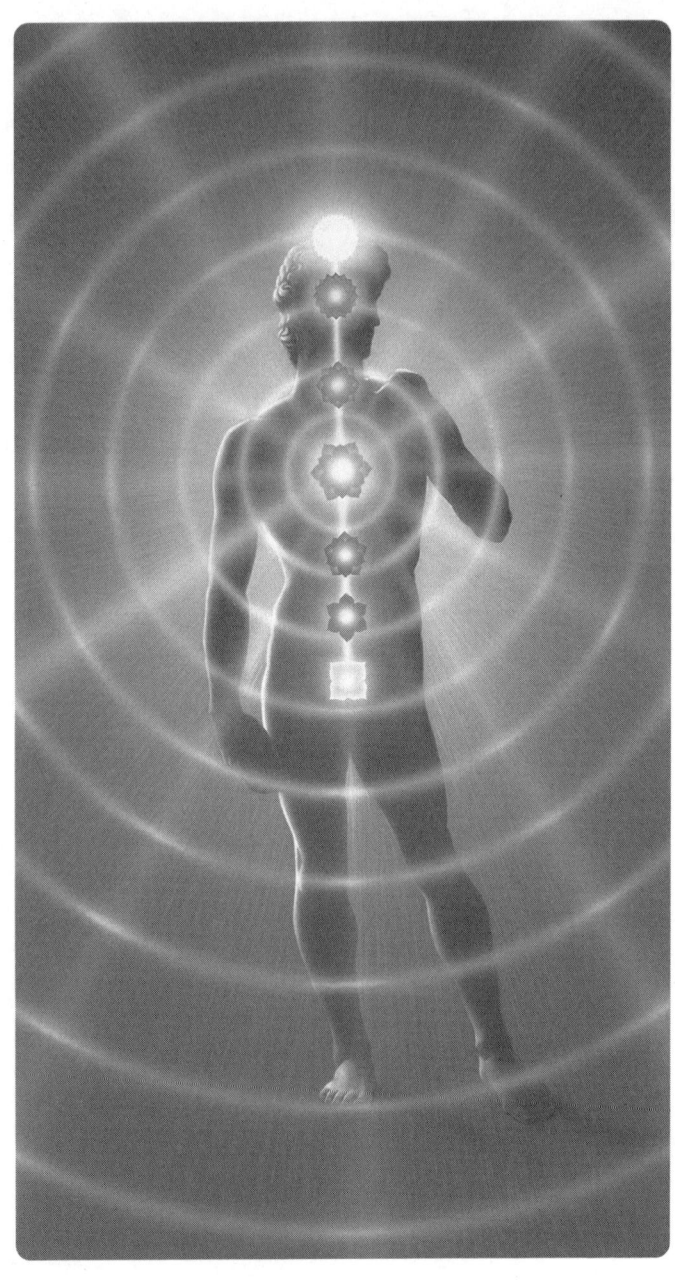

Lichtzentren im menschlichen Körper

schlechte. Sind wir aufgebracht, wütend oder nervös, so spüren wir dies in der Magengrube.

Am *Sitz-der-Seele-Chakra* ist unsere Seele in unserem Körper verankert. Dieses Chakra enthält das Muster unserer persönlichen Identität und steuert die Produktion unserer Gene und alles, was wir bei der Fortpflanzung sowie bei all unseren Neuschöpfungen im Leben weitergeben.

Dies ist der Punkt, an dem wir unser „Bauchgefühl", unsere Intuition spüren. Wenn wir Gefahr wittern oder spüren, dass wir einen bestimmten Ort aufsuchen oder eine bestimmte Handlung ausführen müssen, erleben wir diese „Lenkung durch die Seele" oft am Sitz-der-Seele-Chakra.

Eine andere Bezeichnung für die Seele ist „Psyche". Parapsychologen sind folglich sensibel, was die Kommunikation mit der Seele betrifft. Leider stehen viele Parapsychologen mit den niederen Schwingungen in Resonanz und nicht mit der höheren Bestimmung der Seele und ihrem Ursprung im Geist.

Das Wurzelchakra am Steißbein ist das unterste Chakra, zu dem das Licht im Körper herabkommt. Es ist der Sitz des weißen Feuers, der Lebenskraft. Dies ist das Licht der göttlichen Mutter. Hier erfahren wir die Schöpfungskraft sowie die Fähigkeit zur Fortpflanzung. Wir haben die Aufgabe, das Licht dieses Chakras durch all die Chakren emporzuschicken, um diese zu nähren.

Die sieben Chakren können Sie sich als die sieben Möglichkeiten vorstellen, wie Sie Gott in Ihrem Leben erfahren können. Jede dieser sieben Erfahrungen erinnert an eine der sieben

Kugeln des Kausalkörpers – an „die vielen Wohnungen in unseres Vaters Haus".[16]

Es gibt spezielle Musikinstrumente und Edelsteine, die jeweils die Aktivität eines bestimmten Chakras fördern. Die sieben Hauptweltreligionen entsprechen ebenfalls den sieben Chakren. Diese Entsprechungen sind in der Übersicht auf den Seiten 66 und 67 aufgelistet, zusammen mit dem Ankerpunkt für jedes Chakra im physischen Körper.

Das Herzchakra

Das Herzchakra ist das wichtigste unserer sieben spirituellen Zentren. Die anderen Chakren werden nach ihrem Sitz oberhalb oder unterhalb des Herzens definiert, und so gibt es drei Chakren über dem Herzen und drei unterhalb davon.

Das Herz ist in körperlicher und spiritueller Hinsicht die Radnabe des Lebens. Das Herzchakra ist das Zentrum, über das wir Liebe schenken und empfangen. Es sitzt im Brustkorb und wird oft als „Rose des Herzens" dargestellt. Die Farbe der Liebe ist das schöne Rosa der Rose – wobei die Schattierungen vom tiefen Rubinrosa bis zum Hellrosa reichen.

Die Geheimkammer des Herzens

Innerhalb des Herzchakras befindet sich ein weiteres, kleineres Zentrum, das „die Geheimkammer des Herzens" genannt wird. Jesus sprach vom Betreten der Geheimkammer des Herzens, als

Das Herzchakra

Die Geheimkammer
des Herzens

er sagte: „Wenn aber du betest, so gehe in dein Kämmerlein und schließ' die Tür zu und bete zu deinem Vater im Verborgenen; und dein Vater, der in das Verborgene sieht, wird dir's vergelten öffentlich."[17]

Wenn wir uns zum Beten in unser „Kämmerlein" zurückziehen, betreten wir in Wirklichkeit eine andere Bewusstseinsdimension. Wir können die Herzenskammer betreten und die Tür zur Außenwelt schließen. Die Mystiker verstanden diese Kammer im Herzen. Teresa von Avila bezeichnete sie als die „innere Burg" – es war der Ort, an dem sie mit ihrem geliebten Jesus Zwiegespräche führen konnte. Die Geheimkammer des Herzens ist der Ort, an dem die Seele die Mysterien des Lebens empfängt.

Der einzige Weg in diese Geheimkammer führt über die Liebe – wir müssen die Prüfungen und Initiationen in die Herzensliebe bestanden haben. Wenn wir durch das Chakra der Liebe wandern, gelangen wir sozusagen zu einem Tempeltor, das ganz hinten liegt. Wir treten durch das Tor und betreten die Geheimkammer – und dort, auf dem Thron, sitzt der innere Christus.

In der hinduistischen Überlieferung visualisiert der Anhänger eine Edelsteininsel im Herzen. Auf dieser Insel sieht er vor sich

DIE SIEBEN CHAKREN ...

Chakra	Edelstein
Kronenchakra	gelber Diamant, gelber Saphir, Topaz
Drittes Auge	Smaragd, Diamant, Jade, Bergkristall
Kehlchakra	Diamant, Saphir, Sternsaphir, Lapislazuli
Herzchakra	Rubin, Diamant, Granat, Rosenquarz, rosa Beryll
Solarplexus-Chakra	Topaz, Rubin, Alexandrit, Diamant mit Perlmutt
Sitz-der-Seele-Chakra	Amethyst, Diamant, Aquamarin
Wurzelchakra	Diamant, Perlmutt, Zirkon, Bergkristall

einen wunderschönen Altar, an dem er seinen Lehrer in tiefer Meditation verehrt. Sie können sich die Geheimkammer Ihres Herzens als Ihren privaten Meditationsraum vorstellen. Dies ist der Raum, in dem Sie mit dem inneren Christus, Ihrem heiligen Christusselbst, der ruhigen, leisen Stimme, die in Ihrem Herzen spricht, Zwiegespräche halten können.

... UND IHRE ENTSPRECHUNGEN

Musikinstrument	Ankerpunkt im physischen Körper	spirituelle Tradition
Streichinstrumente	Zirbeldrüse	Buddhismus
Klavier	Hypophyse	Konfuzianismus
Blechblasinstrumente	Schilddrüse	Judentum
Harfe	Herz	Christentum
Orgel	Bauchspeicheldrüse	Islam
Holzbläser	Eierstöcke oder Prostata	Taoismus
Trommel, Tabla	Genitalien	Hinduismus

Die dreifältige Flamme des Herzens

In der Geheimkammer des Herzens ist eine Flamme, die auf dem Altar lodert. Sie wird als „dreifältige Flamme" bezeichnet. Diese Flamme ist der Funke des Lebens, der vom Höheren Selbst aus projiziert und im Herzchakra verankert wird. Sie ist das Geschenk des Lebens von unserem Vater-Mutter-Gott an uns.

Die dreifältige Flamme hat drei Blütenblätter – blau, gelb und rosa. Das blaue auf ihrer linken Seite, das gelbe in der Mitte

Die dreifältige Flamme

und das rosafarbene auf ihrer rechten Seite entsprechen jeweils den Grundattributen Kraft, Weisheit und Liebe. Diese Flammen züngeln aus einer weißen Lichtkugel empor - der Flamme der Mutter.

Die Flammen von Kraft, Weisheit und Liebe - oder Glaube, Hoffnung und Nächstenliebe - sind die Dreifaltigkeit in Ihnen. Die Kraft (des Vaters), die Weisheit (des Sohnes) und die Liebe (des Heiligen Geistes) sind alle drei in der dreifältigen Flamme verankert.

Die dreifältige Flamme im menschlichen Herzen pulsiert, um die göttliche Blaupause des Lebens in die körperliche Form freizugeben. Diese Flamme (ca. 1,5 mm) ist der göttliche Funke, das Potenzial Ihrer Göttlichkeit. Sie ist das Geschenk des Lebens vom Schöpfer an seine Schöpfung. Dieses dreifältige Licht ist „das wahrhaftige Licht, welches alle Menschen erleuchtet, die in diese Welt kommen".[18]

Das Bewusstsein des Sohnes Gottes ist in dieser Flamme, die auch „heilige Christusflamme" heißt, zentriert. „Also hat Gott die Welt geliebt, dass er seinen eingeborenen Sohn gab" - um in unserem Inneren als Flamme im Herzen zu leben.[19]

Diese Flamme ist die Individualisierung der Gottesflamme, wobei das Wort in Ihnen „Fleisch ward"[20] und Sie so die Fähigkeit bekamen, den Ruhm des Herrn aller in Ihren Gliedern wahrzunehmen. Die Flamme, die in Ihrem Herzen brennt, ist der Sitz des kosmischen Bewusstseins. Sie ist Ihr Bindeglied zur Realität, zum Dasein und zum ewigen Leben.

Die Herzensflamme muss gehegt werden, ebenso wie auch das Herzchakra entwickelt werden muss, um mehr Liebe geben und empfangen zu können. Die drei Zungen dieser Flamme sind auch dazu bestimmt, ausgedehnt, beschleunigt und auf die gleiche Höhe gebracht zu werden. Sind sie das nicht, so kann die mangelhafte Entwicklung einer Flamme in der Tat die Ausdehnung der anderen Flammen hemmen.

Verfügen Sie beispielsweise über eine große blaue Flamme der Kraft, jedoch über eine unterentwickelte rosa Flamme (Liebe) und gelbe Flamme (Weisheit), so könnten Sie die Tendenz zu diktatorischen oder tyrannischen Zügen haben, ohne das ausgleichende Moment der Liebe und der Weisheit zu besitzen, um diese Kraft zu zügeln. Bevor Sie mehr Zuwachs für die blaue Flamme bekommen können, wird von Ihnen gefordert, mehr Liebe und Weisheit zu entwickeln, so dass Sie die Kraft weise und liebevoll einsetzen können. Die Prüfungen, die Ihnen auferlegt werden, werden so konzipiert sein, dass sie diese Flammenzungen in ihrer Entwicklung fördern, so dass sie nicht im Ungleichgewicht sind. Wenn Sie in der Tat nicht versuchen, Ihre rosafarbene und gelbe Flammenzunge weiterzuentwickeln, kann es sein, dass Ihre größere blaue Flammenzunge zum Ausgleich *schrumpfen* könnte, um das Gleichgewicht herbeizuführen.

Wenn Sie in Harmonie als Gefährt Ihres höheren Bewusstseins dienen, kann sich durch die Arbeit Ihres Herzens, Ihres Kopfes und Ihrer Hand, die ausgeglichen im Fluss der Liebe, Weisheit und Kraft sind, eine entsprechende Balance in der dreifältigen Flamme einstellen.

Schützen Sie Ihr Herz

Das Herz ist ein sehr zarter Kelch für die heilige Flamme Gottes, die in ihm brennt, und die Adepten raten uns, das Herz zu hüten. Wir möchten den Kelch des Herzens gegen die Schockwellen schützen, die aufgrund von Zwietracht, Stress oder aufgrund unserer persönlichen Launen und Emotionen entstehen. Es ist wichtig, für den Schutz des Herzens zu beten, und wenn Sie beten und meditieren, ist es immer weise, Ihr Höheres Selbst und die Engel um Schutz anzurufen.

Der Heilige Geist

Die Menschheit hat die Lehren Gottes in mehreren Phasen, in Zyklen erhalten. Im Verlauf der letzten 2.000 Jahre haben wir ein Verständnis von Gott als dem Sohn erworben und Gott durch die Person Jesu verstanden. Davor offenbarte Moses, als der ganz persönliche Vertreter des Gesetzes, Gott als Vater, als den Gesetzesgeber. In dieser Periode von 2.000 Jahren, die gerade an ihrem Anfang steht, stellen wir ein gewaltiges Erwachen zu den Energien des Heiligen Geistes fest. Menschen rufen den Namen des Herrn an, und sie bitten Gott, sie mit diesem Heiligen Geist zu erfüllen. Dies vervollständigt die Dreifaltigkeit, die im Bewusstsein der Menschheit über mehrere Jahrtausende verwirklicht wird. Der Heilige Geist ist der dritte Aspekt der Dreifaltigkeit. Er ist das fühlende Attribut, das den Gedanken energetisiert und zur Handlung motiviert. Er befähigt uns dazu, unser Wissen anzuwenden, es in die Tat umzusetzen und so unsere Projekte zum Erfolg zu führen.

Der Heilige Geist wird oft rosafarben dargestellt und drückt damit Liebe, Mitgefühl und Trost aus.

Der Heilige Geist wird daneben symbolisch häufig als Taube dargestellt, wie in der Abbildung Ihres göttlichen Selbst (s. Seite 36). Die sanften Dienste der Taube des Heiligen Geistes kommen von hoch oben herab und setzen die Gottesqualitäten aller Strahlen frei. Prana ist die Essenz des Heiligen Geistes, die wir durch den heiligen Feueratem über die Chakren aufnehmen, um die vier niederen Körper zu nähren.

Der Heilige Geist ist der Tröster, von dem Jesus versprach, er würde ihn uns senden, damit er uns wieder an alles erinnert.[21] Folglich werden all die Lehren Jesu, die nicht in der Heiligen Schrift bewahrt, sondern seit 2.000 Jahren verloren gegangen sind, im Wassermannzeitalter, dem Zeitalter des Heiligen Geistes, wieder ans Tageslicht gebracht. Dies sind die inneren Mysterien, die Jesus seinen Jüngern beim Abendmahl mitteilte.

Jesus versprach seinen Jüngern, dass der Heilige Geist herabkommen würde, als er sagte: „Ihr aber sollt in der Stadt Jerusalem bleiben, bis dass ihr angetan werdet mit Kraft aus der Höhe."[22] Dies vollzog sich an Pfingsten, als der Heilige Geist das gesamte Haus, in dem sie sich aufhielten, mit einem brausenden, mächtigen Wind erfüllte.

Der Heilige Geist bringt große Erleuchtung mit sich, indem er uns die Dinge lehrt, die wir wissen müssen. Wir alle sollen gemäß unserer Bestimmung Vertreter des Heiligen Geistes werden. Die Sendboten Gottes werden durch den Heiligen Geist gesalbt, und ihre Lehren werden durch die Kraft des Heiligen Geistes überbracht.

Der Maha Chohan ist der Stellvertreter des Heiligen Geistes für den Planeten Erde. Er übermittelt die Energien des Heiligen

Geistes auf die menschliche Oktave, wobei Maha Chohan „Großer Herr" bedeutet. Er dient auf dem achten Strahl der Integration und ist der Lehrer der sieben Chohans. Er ist der Meister aller Strahlen, da der Heilige Geist alle Strahlen umfasst.

Die Hinduisten bezeichneten den Heiligen Geist als den „Zerstörer", als Shiva – denjenigen, der die fehlgestalteten oder verunstalteten Energien oder den Missbrauch des Lebens, den wir durch den Missbrauch unseres freien Willens erzeugt haben, auflöst. Wir besitzen beispielsweise den freien Willen, Gottes Energie als Liebe oder als Hass zu gestalten. Haben wir sie als Hass gestaltet, so bleibt diese Energie in uns und bildet einen Teil unseres Bewusstseins, bis wir sie in Liebe umwandeln. Die Kraft des Heiligen Geistes, Hass in Liebe zu verwandeln, manifestiert sich durch die Ausgießung der violetten Flamme.

Der Heilige Geist ist die Allgegenwart Gottes, wobei die gespaltenen Feuerzungen Energien des Vater-Mutter-Gottes bündeln. Dieser Geist wird auch als „heiliges Feuer" bezeichnet – er ist die Lebensenergie, die sich in einen Kosmos ergießt. Diese alles verzehrende Liebe bindet, wenn sie in den Ebenen der Materie erzeugt wird, die Kräfte des Bösen, verwandelt die Ursache und Wirkung der Fehlschöpfungen des Menschen und befreit ihn so aus dem Gefängnis des Karmas und von dessen düsteren Insassen. Die Austreibung böser Geister und unreiner Entitäten wird durch das heilige Feuer des Heiligen Geistes im Namen Christi und des ICH BIN DER ICH BIN vollbracht.

Es gibt neun Gaben des Heiligen Geistes, Kräfte, die den Dienern des Herrn übertragen werden, um den Tod und die Hölle zu binden und ihn sein Werk auf Erden verrichten zu lassen. Wenn wir unter den sieben Chohans in die Lehre gehen, können wir uns bewähren, diese Gaben zu erhalten. Der heilige

Der Maha Chohan

Paulus beschreibt sie in seinem Brief an die Korinther:

„Einem wird gegeben durch den Geist, zu reden von der Weisheit; dem andern wird gegeben, zu reden von der Erkenntnis nach demselben Geist; einem andern der Glaube in demselben Geist; einem andern die Gabe, gesund zu machen in demselben Geist; einem andern, Wunder zu tun; einem andern, Geister zu unterscheiden; einem andern mancherlei Sprachen; einem andern, die Sprachen auszulegen. Dies aber alles wirkt derselbe eine Geist und teilt einem jeglichen seines zu, nach dem er will."[23]

Die Mutterflamme

Gott ist das androgyne Ganze. Wir können zu Gott als Vater und als Mutter sprechen. Die Chinesen haben hierfür das wundervolle Symbol des Tai Chi, das die männlichen und weiblichen Aspekte des Ganzen darstellt.

Alle Dinge kommen aus dem Kreislauf der Energie von Plus und Minus, von Alpha und Omega. Diese beiden Energien sind in allen von uns gegenwärtig, und wenn wir auf diese Energien meditieren, können wir die Ganzheit der Gegenwart des Vater-Mutter-Gottes spüren.

Das Wassermannzeitalter ist das Zeitalter des Heiligen Geistes. Es ist auch als Zeitalter bestimmt, in dem das weibliche Prinzip an Bedeutung gewinnen wird – das weibliche Prinzip Gottes als

Mutter. Wir sehen dies in der Tatsache widergespiegelt, dass Frauen auf der ganzen Welt in ihre Kraft kommen und die Dinge selbst in die Hand nehmen, nachdem sie in einer Welt, die vom männlichen Strahl beherrscht wurde, über Tausende von Jahren hinweg ihre wahre Identität nicht erkannt hatten. Unsere Hingabe an Gott als Mutter wird das Gleichgewicht im Individuum und in unserer Zivilisation schaffen, das für die Alchemie der Selbstverwandlung erforderlich ist.

Alte Zivilisationen sind durch den Gebrauch oder Missbrauch des Lichtes der Mutterflamme aufgestiegen bzw. untergegangen. Die Mutterkultur ist die Kultur, die in den Zivilisationen der Goldenen Zeitalter auf Lemurien und Atlantis herrschte. Jetzt ist der Moment gekommen, da wir daran arbeiten müssen, die wahre Kultur Amerikas und aller Nationen wiederherzustellen – die Kultur der Weltenmutter.

Die Weltenmutter ist das Objekt der Anbetung und Meditation bei den „Buddhas" und den Christen. Sie sucht ihre Kinder und möchte sie von den Bürden befreien, die auf ihnen lasten. Das Prinzip der Mutterflamme wird von den Aufgestiegenen Meisterinnen im Himmel beispielhaft vertreten und personifiziert. Diese sind große Wesen wie Mutter Maria, die göttliche Mutter des Westens, und Kuan Yin, die mitfühlende Retterin des Ostens. In jedem Einzelnen von uns ist das mütterliche Licht im Wurzelchakra, der Quelle der Mutter, individuell verankert. Die väterliche Energie ist auf das Kronenchakra konzentriert. Wenn die beiden

Das Tai Chi

sich im Herzchakra vereinen, schenken das Vater- und Mutter-
prinzip in uns dem Christusbewusstsein das Leben.

Eine Möglichkeit, um das Licht der Mutter vom Wurzel- bis
zum Kronenchakra sanft emporzuholen, besteht im Beten des
Rosenkranzes. Der Rosenkranz ist eine Methode der Meditation
unserer Seele auf Gott, während wir im Herzen auf die Ebene
des Christus emporsteigen.

Im Rosenkranzgebet für das neue Zeitalter, das Mutter Maria
uns gegeben hat, wechseln wir immer zwischen dem Gebet des
„Ave Maria" und der Betrachtung des Lebens und der Erleb-
nisse Jesu ab, während wir Lesungen aus der Bibel lauschen.
Wir meditieren abwechselnd auf Maria, die Mutter, als den
Brennpunkt unserer eigenen Verkörperung der Mutterschaft
Gottes, sowie auf Jesus Christus, um die Fülle jener göttlichen
Sohnschaft in unserem Inneren zu erkennen und zu verwirklichen. Über Mutter und Sohn erreichen wir den Vater, und im
Vater werden wir gemäß seines makellosen Planes wiederge-
boren. Der Rosenkranz dient folglich dem Ausgleich der
männlichen und weiblichen Polarität des Seins. Bei ihren Er-
scheinungen in Fátima hat Mutter Maria ihren Plan erläutert,
durch das tägliche Beten des Rosenkranzes der Welt den Frieden
zu bringen und den Kriegen ein Ende zu setzen.

Es gibt viele Wundergeschichten, die die Menschen durch den
Rosenkranz erfahren haben. Ein bemerkenswertes Beispiel ist
das von acht Männern, die Hiroshima überlebt haben. Als 1945
eine Atombombe die Stadt zerstörte, überlebten acht Männer,
die in der Nähe des gleißend hellen Zentrums des Atomblitzes
wohnten, wie durch ein Wunder den sengenden Hurrikan der
Druckwelle und der Strahlung, während alle anderen innerhalb
eines Radius' von einer Meile sofort und andere, die weiter

Mutter Maria und Kuan Yin

entfernt wohnten, später an den tödlichen Folgen der Strahlung starben. Über 30 Jahre lang haben etwa zweihundert Wissenschaftler die acht Männer untersucht und vergeblich versucht herauszufinden, was sie vor dem Verbrennen geschützt haben könnte.

Einer der Überlebenden, Pater H. Shiffner, S. J. („Societas Jesu"), gab die spannende Antwort im amerikanischen Fernsehen: „In diesem Haus wurde jeden Tag der Rosenkranz gebetet. In diesem Haus lebten wir die Botschaft von Fátima."[24]

Maria hat erklärt, dass das „Ave Maria" in Wirklichkeit bedeutet: „Gegrüßet seist du, Ma-Ray" oder „Mutterstrahl". Es ist eine universelle Verehrung Gottes der Mutter in den vielen Lichtwesen, die diese Mutterflamme verkörpern. Es ist auch das Gebet für die Ausbreitung und das Aufleuchten des Mutterlichts in uns.

Maria hat darum gebeten, dass wir, wenn wir das Ave Maria in unserem Zeitalter beten, den Tod nicht mehr als unsere Bestimmung betrachten, sondern dass wir unseren Sieg über den

Tod in der Auferstehung und dem Seelenaufstieg bekräftigen. Daher hat sie uns aufgefordert zu beten:

> Gegrüßet seist du, Maria, voller Gnade,
> der Herr ist mit dir.
> Gesegnet seist du unter den Frauen,
> und gesegnet ist die Frucht
> deines Leibes, Jesus.
> Heilige Maria, Mutter Gottes,
> bete für uns, Söhne und Töchter Gottes,
> jetzt und in der Stunde unseres Sieges
> über Sünde, Krankheit und Tod.

> *Hail, Mary, full of grace,*
> *the Lord is with thee.*
> *Blessed art thou among women*
> *and blessed is the fruit*
> *of thy womb, Jesus.*
> *Holy Mary, Mother of God,*
> *Pray for us, sons and daughters of God,*
> *Now and at the hour of our victory*
> *Over sin, disease and death.**

---

* *Da wir uns bei der deutschen Übersetzung bemüht haben, inhaltlich so nah am Original zu bleiben wie möglich, war es nicht immer möglich, den besonderen Sprachrhythmus der englischen Ursprungstexte einzufangen. Daher finden Sie unter jedem Dekret dessen Originaltext in Englisch, um Ihnen die Möglichkeit zu geben, neben der eigentlichen Anrufung auch den eingängigeren Rhythmus der Originale zu erfahren. Wenn Sie sich mit der deutschen Übersetzung vertraut gemacht haben, können Sie auch gänzlich auf den englischen Text zurückgreifen bei Ihrer Arbeit mit den Dekreten.*

Hüten Sie die Flamme des Lebens

Über die Jahrhunderte hinweg sind Mitglieder der Großen Weißen Bruderschaft hervorgetreten, um erhebende Bewegungen zu fördern und die Lebensströme der Erde in jedem Bereich ihrer Entwicklung zu unterstützen. Große Künstler, Erfinder, Wissenschaftler, Staatsmänner und religiöse Führer sowie diejenigen aus allen Bevölkerungsschichten, die im Herzen rein sind, wurden und werden von verschiedenen Mitgliedern dieser spirituellen Hierarchie begleitet.

Saint Germain, der Schutzpatron der Vereinigten Staaten von Amerika und der Hierarch des Wassermannzeitalters, ist wieder einmal hervorgetreten, um eine äußere Organisation der Großen Weißen Bruderschaft im Außen zu fördern. Er gründete für diejenigen, die gemeinsam mit Mitgliedern der himmlischen Hierarchie dienen möchten, die „Bruderschaft der Hüter der Flamme". Ziel ist es, Aufgestiegene Meister mit aufstrebenden Seelen auf Erden zusammenzubringen, so dass sie mit vereinten Kräften für die Erlösung der Menschen dieses Zeitalters arbeiten können. Die Bruderschaft der Hüter der Flamme bildet auf der Erde das Gegenstück zur Großen Weißen Bruderschaft in den himmlischen Bereichen.

Die Hüter der Flamme verpflichten sich gegenüber dem Aufgestiegenen Meister Saint Germain dazu, ihm bei der Veröffentlichung und Verbreitung der wahren Lehren Jesu Christi zu helfen. Da die Hüter der Flamme Saint Germain unterstützen, fördert er im Gegenzug ihren persönlichen Pfad der Initiation, indem er Anleitungen zum kosmischen Gesetz erteilt, deren Anwendung zur Selbstmeisterung führt. Die Lektionen der Hüter der Flamme, ergänzt durch die „Perlen der Weisheit" und andere

Saint Germain

Publikationen, legen die Lehren der Aufgestiegenen Meister dar, die ihre Anhänger befähigen, den Bewusstseinswandel von irgendeiner oder auch keiner Religion hin zur selbstbewussten Erkenntnis in Gott zu vollziehen. Sie öffnen den Weg zum wahren Verständnis der Gesetze Gottes, die das Leben und die Welt bestimmen.

Die Hüter der Flamme erklären sich bereit, täglich bestimmte spirituelle Aufgaben zur Aufrechterhaltung der Flamme des Lebens und zum Wohle der gesamten Menschheit auszuführen. Auf vielerlei Weise ist dies ein äußeres Zeichen für ihre innere Verpflichtung, die Flamme aufrechtzuerhalten, bis andere imstande sind, die Flamme selbst aufrechtzuerhalten.

Der Beitritt zur Bruderschaft der Hüter der Flamme ist eine Verpflichtung gegenüber Saint Germain. Es ist eine Verpflichtung, die Flamme des Lebens für sich selbst und die Welt zu bewahren.

IV. Kapitel

Werkzeuge zur Verwandlung

Die Meister haben uns mächtige Werkzeuge an die Hand gegeben, um Wandlung und Veränderung in unser Leben und das Leben unseres Umfeldes zu bringen. Eines der allerwichtigsten Mittel hierbei ist das Gebet.

Die Kraft des Gebets

Das Gebet ist die Sprache der Seele. Im Grunde ist es einfach eine Unterhaltung mit Gott, ein Zwiegespräch mit ihm und ein Lauschen auf seine Antworten. Wir haben heute Gebete nötig wie nie zuvor. Ganz gleich, welchem Glauben der Betreffende angehört, im Himmel zählt jedes Gebet. Eine kürzlich durchgeführte Umfrage hat ergeben, dass 82 Prozent der Amerikaner an die Heilkraft des persönlichen Gebets glauben.[25] Niemand kann wissenschaftlich genau erklären, wie oder warum ein Gebet bei Heilungen so wirksam ist. Doch immer mehr Studien weisen auf das hin, was der Mensch intuitiv seit Tausenden von Jahren weiß: Gebete sind wahrhaftig wirksam. Es ist nahezu gleichgültig, in welcher Form man das Gebet vorbringt. Allein die Tatsache, dass man einen Wunsch bei einer höheren Macht vorbringt, führt zu Resultaten.

Sogar die Wissenschaft und die Medizin kommen mittlerweile zu diesem Ergebnis. Eine berühmte Studie ergab, dass sich Herzpatienten an der Klinik für Allgemeinmedizin in San Francisco, für die gebetet wurde, besser erholten als solche, für die nicht gebetet wurde. Die Patienten, die Gebete erhielten, brauchten weniger Antibiotika und neigten weniger zur Entwicklung bestimmter Komplikationen als diejenigen, die nicht in der Gebetsgruppe waren. Ein Arzt sagte über die Herzpatienten-Studie: „Vielleicht sollten wir Ärzte auf unser Rezept schreiben: 'Bitte dreimal täglich beten'. Wenn es funktioniert, funktioniert es."[26]

Bei einer weiteren Studie am Medizinischen Zentrum Dartmouth-Hitchcock untersuchte man, wie die eigenen Gebete der Patienten selbst deren Genesung nach einer Operation am offenen Herzen beeinflussten. Diese Studie von 1995 ergab, dass Patienten, die angaben, Trost und Stärke aus ihrem religiösen Glauben zu schöpfen, wozu auch das Gebet zählte, in den ersten sechs Monaten nach der Operation eine dreifach höhere Überlebensrate aufwiesen als „nicht religiöse Patienten".

Die Bibel sagt uns: „Des Gerechten Gebet vermag viel, wenn es ernstlich ist."[27]

Beachten Sie diese drei wertenden Begriffe: „ernstlich – vermag viel – gerecht". „Ernstlich" bedeutet von Herzen und voller Hingabe – nicht schwach oder passiv. „Vermag viel" bedeutet

„effektiv". Es gibt in der Tat eine ganze Wissenschaft um die richtige Praxis des Gebets. Das Gebet eines Gerechten, eines Mannes wie auch einer Frau, die eins sind mit Gott, trägt viele Früchte.

Sind Sie sich unsicher, wie Sie beten sollen, so stellen Sie sich das Gebet einfach wie eine Unterhaltung mit Gott vor. Beten und sprechen Sie zu Gott wie zu Ihrem besten Freund. Erzählen Sie ihm, was er wissen soll und was er für Sie, Ihre Familie, Ihre Gemeinde und Ihr Land tun soll. Bitten Sie ihn um Geschenke und Gaben – und fixieren Sie sich nicht auf das Ergebnis. Sagen Sie einfach: „Nicht mein Wille, sondern dein Wille geschehe." Alle Heiligen haben die heilige Kraft und Einfachheit der Gebete gekannt. Die heilige Therese von Lisieux hat dies wunderbar ausgedrückt: „Ich habe nicht den Mut, Bücher nach schönen Gebeten zu durchsuchen. Ich bekomme angesichts der großen Auswahl nur Kopfschmerzen, und außerdem ist eines schöner als das andere. Da ich sie also nicht alle beten kann und außerdem nicht weiß, wie ich mich bei der Qual der Wahl entscheiden soll, mache ich es so, wie die Kinder, die noch nicht lesen können: Ich sage unserem Herrn alles, was ich will – und er versteht mich immer."[28]

Jeder von uns täte gut daran, sein Gebet sehr spezifisch zu formulieren und Gott zu sagen, was er sich für sein Leben wünscht – und auch für die Welt. Wir können ihn darum bitten, Ereignisse wie Terroranschläge, Krieg oder Wirtschaftskrisen zu verhindern. Bevor der Nebel der Prophezeiung sich kristallisiert, kann er abgewendet werden, wenn dies in Übereinkunft mit dem Willen Gottes ist.

Die kreative Kraft des Klanges

Die Mystiker wissen bereits seit Tausenden von Jahren, dass der Klang den Schlüssel zur Schöpfung des Universums in sich birgt. Gebete und Mantren können spirituelle und materielle Veränderungen in unserem Leben bewirken. Ein laut gesprochenes Gebet kann die dynamische Energie des Heiligen Geistes entfesseln.

Die kreative Kraft des Klanges wird im folgenden Beispiel aus dem Leben einer Gruppe von Benediktinermönchen herrlich illustriert: 1967 untersuchte Alfred Tomatis, ein französischer Arzt, Psychologe und Gehörexperte, welchen Einfluss das „Chanten" auf die Benediktinermönche hat. Über Jahrhunderte hinweg hatten die Mönche des Benediktinerordens einen strikten Stundenplan eingehalten, wobei sie nur einige wenige Stunden pro Nacht geschlafen und sechs bis acht Stunden am Tag gechantet hatten. Als ein neuer Abt den Zeitplan änderte und die Chants strich, wurden die Mönche müde und lethargisch. Je mehr Schlaf sie hatten, desto müder schienen sie zu werden.

Tomatis wurde herbeigerufen, um herauszufinden, was ihnen fehlte. Er glaubte, dass das Chanten (sowie auch das Anhören bestimmter Musikrichtungen) einem bestimmten Zweck dient – nämlich der Energetisierung des Gehirns und des Körpers. Er sagte, die Mönche hätten „gechantet, um sich ‚aufzuladen'".[29] Er führte das Chanten wieder ein, ebenso wie ein Programm, bei dem man anregende Töne anhörte –, und bald hatten die Mönche wieder die Energie, zu ihrem gewohnten Tagesrhythmus zurückzukehren. Ob die Mönche es nun wussten oder nicht, sie hatten die Kraft des Klanges entdeckt, speziell die Kraft des gesprochenen oder gechanteten Gebets.

Im Osten wiederholen die Menschen ihre Mantren immer wieder, viele Male am Tag. Im Westen allerdings sind wir es nicht immer gewohnt, ein Gebet während des Tages viele Male zu wiederholen. Mit jedem Mal, da Sie das Gebet wiederholen, verstärken Sie die Kraft der Bitte, indem Sie sie mit mehr und mehr von Gottes Licht und Energie anfüllen. Außerdem beginnen Sie, in einen Zustand des Einsseins mit Gott zu treten. Sowohl Mystiker als auch Wissenschaftler haben die Vorzüge eines wiederholten Gebetes aufgezeigt. Von den Mystikern der orthodoxen Kirche des Ostens bis hin zu den Mönchen im Mittelalter haben viele von außergewöhnlichen mystischen Erfahrungen und einem Gefühl des Einsseins mit Gott berichtet, ja sogar davon, dass sie in einen veränderten Bewusstseinszustand gerieten, in dem das Fleisch „vom Geist entfacht wird, so dass der ganze Mensch spirituell wird."[30]

Anfang der 70er Jahre des 19. Jahrhunderts führte Dr. Herbert Benson, Vorsitzender und Begründer des Mind/Body Institutes an der Harvard Medical School wissenschaftliche Experimente mit der Kraft des Gebets durch. Er wies seine Versuchspersonen an, sich still hinzusetzen und Sanskrit-Mantren entweder geistig oder verbal zehn bis 20 Minuten lang zu wiederholen, dabei regelmäßig zu atmen und alle Gedanken beiseitezuschieben, sobald diese sich in ihren Kopf drängen wollten.

Er fand heraus, dass diejenigen Personen, die diese Mantren täglich auch nur zehn Minuten lang wiederholten, bereits physiologische Veränderungen zeigten: eine Verminderung der Pulsfrequenz, ein Absinken des Stresspegels und eine Verlangsamung der Stoffwechselvorgänge. Eine Wiederholung der Mantren ließ bei Patienten mit hohem Blutdruck auch den Blutdruck sinken. Er bezeichnete dieses Phänomen als „Entspannungsreaktion",

das seiner Ansicht nach das Gegenstück zum natürlichen An-
griffs- oder Fluchtmechanismus darstellt. Nachfolgende Unter-
suchungen, die in Bensons „Timeless Healing" („Zeitlos heilen")
beschrieben sind, ergaben, dass wiederholt gesprochene Mantren positive Auswirkungen auf das Immunsystem haben,
Schlaflosigkeit beseitigen und die Notwendigkeit von Arztbe-
suchen reduzieren können. Benson stellte fest, dass auch andere
Gebete den gleichen Effekt hatten. Sogar Worte wie „eins",
„Meer", „Liebe" und „Frieden" erzeugten die Reaktion. Es
scheint, dass hier ein universelles Gesetz am Werk ist – durch
wiederholte Gebete gelangt der Mensch in einen entspannten
Zustand.

Ebenso wichtig, wenn nicht noch bedeutsamer, sind die spirituellen Vorzüge. Viele Buddhisten und Hinduisten werden
Ihnen erklären, dass die Wiederholung von Mantren oder Gebeten es dem Verstand ermöglicht, sich auf Gott zu konzentrieren, gerade so, wie orthodoxe Mönche des Ostens durch
wiederholt gesprochene Gebete zu Freude, Glück und der Einheit mit Gott finden.

Viele Menschen wiederholen Mantren, Chants und Gebete mit
dem Ziel, in einen höheren Bewusstseinszustand einzutreten,
besseren Zugang zum höheren Geist zu bekommen und in
einen Zustand des Einsseins mit Gott zu gelangen.

Die Wissenschaft des gesprochenen Wortes

Die Gebete und Affirmationen in diesem Buch sind am effek-
tivsten, wenn sie laut gesprochen werden, als dynamische Ge-
betsform, die unter dem Begriff „Dekrete" bekannt ist. Wenn

wir Dekrete einsetzen, befehlen wir den Energiefluss vom Geist in die Materie, um Veränderungen im persönlichen Bereich oder im Weltgeschehen zu bewirken. Wir bitten nicht nur um Hilfe – wir treten in eine Partnerschaft und interaktive Beziehung mit Gott.

Darum bat uns Gott, als er durch den Propheten Jesaja sprach: „Weiset meine Kinder und das Werk meiner Hände zu mir!"[31] Und im Buch Hiob lesen wir: „So wirst du ihn [den Allmächtigen] bitten, und er wird dich hören (...). Was du wirst vornehmen, wird er dir lassen gelingen."[32]

Dekrete sind Bestandteil eines Gebetssystems, das als „Lehre vom gesprochenen Wort" bezeichnet wird. Dazu gehören auch Lieder, Mantren und Chants sowie Visualisierungen und Atemtechniken. Dekrete sind positive Affirmationen, bei denen der Name Gottes, ICH BIN DER ICH BIN, eingesetzt wird. Vorrangiges Ziel ist es, Sie mit Ihrem Höheren Selbst in Kontakt zu bringen. Ist der Kontakt einmal hergestellt, so können Sie die Kraft Gottes in Ihrem Inneren „anzapfen", die Ihnen die Dinge bringt, die Sie im Leben brauchen. Sie können diese spirituelle Energie nutzen, um positive Veränderungen für sich selbst und Ihr Umfeld zu kreieren.

Hingabe ist der Schlüssel zur Kraft von Mantren, Liedern und Dekreten. Am Ende dieses Buches finden Sie Dekrete und Mantren, die Sie in vielerlei Hinsicht unterstützen werden und die Ihnen helfen können, Frieden zu finden und einen intensiveren Kontakt zu Ihrem Höheren Selbst aufzubauen.

Es gibt für jedermann ein Mantra und Dekret sowie eine unendliche Zahl an Mantren und Dekreten für uns alle. Wählen Sie Ihr Mantra und Dekret aus, und geben Sie ihm einen besonderen Stellenwert, so dass Sie jedes Mal, wenn Sie diese Worte sprechen, spüren können, wie die Worte Wirklichkeit werden – und mehr als nur dies, da irgendwo in Ihrem Inneren eine Resonanz mit diesem besonderen Mantra oder Dekret besteht. Das Mantra ist wie ein Energiegitter – die Hingabe Ihres Herzens wird dadurch verstärkt.

Weder die Worte, die wir sprechen, noch die Länge des Gebets, sondern die Liebe, die wir hineingeben, ist es, die unsere Welt und die Welt um uns herum verändern wird. Durch Hingabe behalten wir die Engel bei uns, denn Hingabe öffnet die Kanäle. Unsere Hingabe wendet sich an Gott und die Engel. Wir haben eine „Schnellstraße" zu unserem Gott gebaut, und die Engel fahren diese Straße entlang – zurück in unsere Herzen.

Saint Germain und die violette Flamme

In der Darstellung Ihres Höheren Selbst können Sie erkennen, dass die untere Gestalt in die violette Flamme gehüllt ist – in das Licht des siebten Strahls. Diese violette Energie kann tiefe Auswirkungen auf alle Aspekte unseres Daseins haben – geistige, emotionale und sogar körperliche.

Die violette Flamme ist eine spirituelle Energie, die in den Rückzugsorten in der Himmelswelt eingesetzt wird. Sie ist auch als die „Flamme der Gnade" oder die „Flamme der Vergebung" sowie als die „Flamme der Freiheit" bekannt. Dieser Aspekt des siebten Strahles des Heiligen Geistes kann durch Gebete und Mantren aktiviert werden.

Wir können die Analogie eines Filmes in einem Filmprojektor nutzen, um die Aktivität der violetten Flamme zu beschreiben.

Wenn Sie die violette Flamme der Verwandlung einsetzen, waschen Sie die Makel und Schlieren vom Film des Lebens und von der Linse herunter. Sie reinigen die Linse, und der Film wird durch Meister des Handwerks gewaschen und verändert, so dass er die Reinheit der Lichtstrahlen, die durch ihn hindurchfallen, reflektieren kann.

Indem Sie den Film, der im Projektor Ihres Bewusstseins eingelegt ist, verändern und verwandeln, werden Sie auch das Bild verändern, das auf die Leinwand des Lebens projiziert wird. Dann können Sie eine Manifestation der Vollkommenheit werden, die in der Gestalt eines Sohnes oder einer Tochter Gottes geformt ist. Sie sind nicht länger ein Individuum, das Manifestationen der Unvollkommenheit zum Ausdruck bringt, sondern sie sind ein Sohn oder eine Tochter des allerhöchsten Gottes, während Sie das Bewusstsein des ewigen Lichts, das in Ihnen ist, in sich hineintrinken.

Die violette Flamme kann benutzt werden, um jede negative Energie in unserem Leben zu verwandeln, zu verändern – z. B. die Energien von Hass, Wut, Zwietracht und Hartherzigkeit. Anhänger benutzen sie, um negatives Karma zu verwandeln und positive Veränderungen in allen Bereichen des menschlichen Bestrebens herbeizuführen, ob persönlicher oder globaler Natur.

Das folgende einfache Mantra stammt von Meister Saint Germain, dem Meister, der die Menschheit mit der violetten Flamme bekannt gemacht hat:

„ICH BIN ein Wesen des violetten Feuers!
ICH BIN die Reinheit, die Gott wünscht."

„I AM a being of violet fire,
I AM the purity God desires."

Während Sie dieses Mantra sprechen, können Sie visualisieren, wie diese hochfrequente spirituelle Energie der violetten Flamme Ihre Probleme beseitigt, Belastungen auflöst und Sie von Trauer oder dem Bedauern über in der Vergangenheit getroffene Entscheidungen befreit.

Jeden Tag liefern die Engel ein neues kleines Päckchen mit Karma bei uns ab, unsere Ration für den Tag. Wenn wir es bei Tagesanbruch mit der violetten Flamme tränken, können wir das Karma verwandeln sowie abmildern und dann den Rest durch den Dienst in unserer Arbeit, unserer Familie und Gemeinde sowie durch vielerlei andere gute Taten an jenem Tag ausgleichen. Lassen Sie nicht zu, dass sich Ihr Karma ansammelt, weil Sie dadurch belastet werden könnten. Reinigen Sie die Gaben des Tages in dem Augenblick, da sie eintreffen. Wenn Sie sogar noch ein wenig mehr tun können, um den Rest dieses Lebens oder sogar frühere Leben auszugleichen, dann sind Sie auf dem besten Wege, Ihr Bewusstsein zu beschleunigen.

Die Herz-, Kopf- und Hand-Dekrete

Der Aufgestiegene Meister El Morya hat eine Reihe von Mantren herausgegeben, die die Schlüssel zu den Schritten und Stufen des spirituellen Weges enthalten. Diese „Dekrete für Herz, Kopf und Hand" sind eine Reminiszenz an die Mission Christi und die Initiationsschritte, die er in seiner galiläischen Inkarnation zeigte. Ihr Herz, Ihr Kopf und Ihre Hände sind Ihre Instrumente, um

El Morya

die Dreifaltigkeit des Lebens zum Ausdruck zu bringen. Die Arbeit von Herz, Kopf und Hand im Gleichgewicht soll die Liebe des Sohnes im Herzen, die Weisheit des Vaters im Kopf und die Kraft des Heiligen Geistes in Aktion durch die Arbeit Ihrer Hände ausdrücken. Das Herz empfängt, der Kopf interpretiert und die Hand des Heiligen Geistes führt den göttlichen Plan aus wie vorgezeichnet.

Mehrere Verse in den Herz-, Kopf- und Hand-Dekreten haben die Form der „ICH BIN"-Affirmationen. Da „ICH BIN" der Name Gottes ist (wie er ihn Mose enthüllte[33]), sagen wir, wenn wir etwas mit „ICH BIN" bekräftigen, in Wirklichkeit „Gott in mir ist" oder „Gott in mir handelt". Was auch immer folgt – sei es eine Aussage, ein Gebet, ein Mantra oder ein Dekret – es verwirklicht sich selbst, da die Kraft des Namens Gottes und seines Seins kreative Veränderungen in unserem Leben bewirkt. Wenn Sie den Namen „ICH BIN" benutzen, ist dies nicht nur einfach eine positive Affirmation. Gott erfüllt dieses Dekret in Ihnen, weil Sie seinen Namen benutzen, weil Sie sein Sohn bzw. seine Tochter und ein Miterbe des Christusbewusstseins sind, das Jesus hatte.

Jeder Vers der Herz-, Kopf- und Hand-Dekrete entspricht einem bestimmten Chakra. Wenn Sie jeden Vers mindestens dreimal sprechen, werden Sie die Aktivität der Dreifaltigkeit in jedem der Chakren aktivieren.

Herz, Kopf und Hand (Herzchakra)

Das erste Mantra lädt die violette Flamme ins Herz ein. Wir finden dort angesammelte Aufzeichnungen von Hartherzigkeit, von mangelnder Vergebung sowie Spannungen, Zweifel und Ängste vor. Allein das Trauma eines modernen Lebens in den Großstädten erzeugt bereits eine Last auf dem Herzen. Ist das Herz gereinigt, so kann es zum Kelch für das wahre Selbst werden.

> Violettes Feuer, du göttliche Liebe,
> lodere in meinem Herzen!
> Du bist Gnade für immer wahr,
> halte mich stets im Einklang mit dir.

> *Violet Fire, thou love divine,*
> *Blaze within this heart of mine!*
> *Thou art mercy forever true,*
> *Keep me always in tune with you.*

Jetzt rufen wir die violette Flamme an, damit sie vom Nackenbereich nach oben in den gesamten Kopfbereich hineinlodert. Wir möchten, dass die violette Flamme durch unseren Verstand hindurchdringt, um die Ablagerungen aller Vorstellungen, die nicht klar und wahrhaftig sind oder nicht auf der Wissenschaft des Seins basieren, zu beseitigen. Der Apostel Paulus schrieb: „Ein jeglicher sei gesinnt, wie Jesus Christus auch war."[34] Die violette Flamme, als wirkende Kraft des Heiligen Geistes, ist das Mittel, wodurch unser körperliches, geistiges und spirituelles

Gefährt erneuert werden kann, um den Geist Gottes zu manifestieren.

> ICH BIN Licht, du Christus in mir,
> befreie meinen Geist für immer.
> Violettes Feuer, leuchte stets
> tief in diesem meinem Geist.

> Gott, der du mir schenkst mein täglich' Brot,
> erfülle meinen Kopf mit violettem Feuer,
> bis deine himmlische Ausstrahlung
> aus meinem Geist einen Lichtgeist macht.

> *I AM light, thou Christ in me,*
> *Set my mind forever free;*
> *Violet fire, forever shine*
> *Deep within this mind of mine.*

> *God who gives my daily bread,*
> *With violet fire fill my head*
> *Till thy radiance heavenlike*
> *Makes my mind a mind of light.*

In den Händen und Füßen, an den Stellen, wo der Körper Jesu durchbohrt wurde, sitzen die Chakren der geheimen Strahlen. Die Hände sind das Symbol Gottes in der Handlung als Heiliger Geist. Alles, was wir mit unseren Händen berühren, kann durch die der violetten Flamme eigene Wirkung gesegnet werden.

ICH BIN die Hand Gottes in Aktion,
die jeden Tag den Sieg davonträgt.
Die höchste Freude meiner reinen Seele
ist es, den goldenen Mittelweg zu gehen.

I AM the hand of God in action,
Gaining victory every day;
My pure soul's great satisfaction
Is to walk the Middle Way.

Säule des Lichts (Geheimkammer des Herzens)

Zacharias sagte: „Ich will', spricht der Herr, ‚eine feurige Mauer umher sein und will mich herrlich darin erzeigen.'[35] Diese Säule des Lichts ist die Mauer um uns herum, und das violette Feuer ist die Herrlichkeit in der Mitte. Die Lichtsäule ist Ihr saumloses Gewand (der umgenähte Rock in Johannes 19, 23), das wie ein Wasserfall aus Licht um Sie herabfällt und eine schützende Rüstung um Sie herum bildet. Sie schottet Sie hermetisch gegen das Massenbewusstsein und die Energien der Welt ab. Sehen Sie sich, während Sie dieses Dekret sprechen, als die untere Gestalt in der Abbildung Ihres göttlichen Selbst (siehe S. 36), wie Sie in der violetten Flamme stehen und durch die Säule des Lichts abgeschottet sind.

Geliebte strahlende ICH-BIN-Gegenwart,
versiegele deine Säule aus Licht um mich,
das stammt von Aufgestiegener Meister Flamme,

die ich jetzt anrufe in Gottes Namen.
Möge sie meinen Tempel freihalten
von aller Zwietracht, die man mir schickt.

ICH rufe an das violette Feuer,
alle Verlangen zu erhellen und zu verwandeln.
Es möge brennen im Namen der Freiheit,
bis ICH BIN eins mit der violetten Flamme.

Beloved I AM Presence bright,
Round me seal your tube of light,
From ascended master flame
Called forth now in God's own name.
Let it keep my temple free
From all discord sent to me.

I AM calling forth violet fire
To blaze and transmute all desire,
Keeping on in freedom's name
Till I AM one with the violet flame.

Kronenchakra

Drittes-Auge-Chakra

Kehlchakra

Herzchakra

Solarplexus-Chakra

Sitz-der-Seele-Chakra

Wurzelchakra

Vergebung (Sitz-der-Seele-Chakra)

Das erste Wunder, das Jesus vollbrachte, war bei der Hochzeit von Kanaan, als er Wasser in Wein verwandelte. Dies symbolisiert seine Mission und ist ein Beweis für die Wirksamkeit der Energie Gottes. Durch Vergebung kann das Wasser des menschlichen Bewusstseins in den Wein des Heiligen Geistes verwandelt werden.

Vergebung ist der erste Schritt auf dem spirituellen Weg. Immer wenn wir beten oder an den Altar treten, um zu meditieren, müssen wir zuerst das Gesetz der Vergebung anrufen. Mit der Vergebung beginnen sich alle Probleme zu lösen, persönliche wie auch globale.

Stellen Sie sich, während Sie dieses Dekret sprechen, Kugeln von violett-purpur-rosafarbener Energie vor, die ausschwärmen, um die gesamte Menschheit zu segnen – all diejenigen, mit welchen Sie Karma haben, alle Menschen, welchen Sie Unrecht getan haben, und all diejenigen, die Ihnen Unrecht getan haben. Vergessen Sie nicht, sich selbst zu vergeben.

ICH BIN die Vergebung, die hier wirkt,
die alle Zweifel und Furcht vertreibt

und die alle Menschen immerwährend
durch ihre Flügel des kosmischen Sieges befreit.
ICH BIN der Ruf in voller Kraft,
der jede Stunde um Vergebung bittet.
An alle Lebewesen an jedem Ort
verströme ich meine verzeihende Gnade.

I AM forgiveness acting here,
Casting out all doubt and fear,
Setting men forever free
With wings of cosmic victory.

I AM calling in full power
For forgiveness every hour;
To all life in every place
I flood forth forgiving grace.

Versorgung (Drittes-Auge-Chakra)

Jegliche Fülle, sei sie spiritueller oder materieller Art, kommt letztendlich von Gott, der ICH-BIN-Gegenwart. Wir sind dazu bestimmt, die volle Versorgung zu bekommen, die wir brauchen, um unseren göttlichen Plan zu erfüllen und jedem Menschen und unserem Planeten dabei zu helfen, in ein goldenes Zeitalter einzutreten.

Saint Germain lehrt uns, die Versorgung als materialisiertes Gold zu visualisieren. Von allen Elementen stellt Gold materialisiertes Sonnenlicht dar – das Gold der goldenen Regel, als das goldene Bewusstsein des Geistes Christi. Furcht und Zweifel blockieren die Versorgung. Die violette Flamme wird eingesetzt, um alle Blockaden zu lösen, die das Leben in Fülle auf all den Ebenen unseres Bewusstseins hemmen, insbesondere Angst hemmt. Visualisieren Sie, während Sie dieses Dekret sprechen, das Grün des fünften Strahls der Fülle überall um sich herum, das sich mit der violetten Flamme vermischt, und sehen Sie, wie Ihnen Goldmünzen in die Hände fallen.

ICH BIN frei von Angst und Zweifel,
ich treib' Verlangen und Elend aus.
Ich weiß jetzt, dass jede gute Gabe
aus den höchsten Reichen kommen wird.

ICH BIN die Hand von Gottes ureigenster Quelle,
die die Schätze des Lichts strömen lässt.
Ich empfange nun die ganze Fülle,
um jede Not im Leben zu stillen.

I AM free from fear and doubt,
Casting want and misery out,
Knowing now all good supply
Ever comes from realms on high.

I AM the hand of God's own fortune
Flooding forth the treasures of light,
Now receiving full abundance
To supply each need of life.

Perfektion (Kehlchakra)

Jesus sagte: „Darum sollt ihr vollkommen sein, gleichwie euer Vater im Himmel vollkommen ist."[36] Es gibt einen göttlichen Plan, eine perfekte innere Blaupause für die Art und Weise, wie wir unser Leben führen sollten. Wir visualisieren dies als große blaue Kugel, die von unserem Kausalkörper in unsere Aura herabkommt. Nach dem Gesetz der Perfektion bringt diese Kugel die Ausrichtung auf den göttlichen Plan und die Matrix unseres Lebens. Dieses Mantra für Perfektion stellt die im ätherischen Körper gespeicherte Erinnerung an das feierliche Versprechen wieder her, das wir gegeben haben, bevor wir inkarnierten - den Schwur bezüglich der Mission, zu deren Erfüllung wir hier auf Erden inkarnierten.

> ICH BIN das Leben unter Gottes Führung,
> durchflute mich mit deinem Licht der Wahrheit,
> richte hierher Gottes Perfektion,
> von aller Zwietracht befreie mich.
>
> Veranker' mich fest und für immer
> in der Gerechtigkeit deines Plans –
> ICH BIN die Gegenwart der Perfektion,
> die das Leben Gottes im Menschen lebt!

> *I AM life of God–direction,*
> *Blaze thy light of truth in me.*
> *Focus here all God's perfection,*
> *From all discord set me free.*

Make and keep me anchored ever
In the justice of thy plan –
I AM the Presence of perfection
Living the life of God in man!

Verklärung (Kronenchakra)

Auf dem Berg der Verklärung demonstrierte Jesus, der große Wissenschaftler des Fischezeitalters, das Gesetz der universellen Energie. Dazu bewirkte er, dass der innere Kern der ICH-BIN-Gegenwart sein Licht freigab und aussandte. Er befahl auch dem Kern jedes physischen Atoms seines Körpers – Milliarden von Atomen, Milliarden Teilchen –, die Energie in einem bestimmten gewünschten Maße auszusenden. Was war die Folge davon? In der Bibel ist aufgezeichnet, dass sein Antlitz wie ein Lichtblitz schien und sein Kleid weiß wurde und glänzte.[37]

Während wir dieses Dekret sprechen und das Licht der Verwandlung herbeirufen, verändern wir unsere Schwingung, verändern wir unser Bewusstsein. Tagtäglich können wir unsere alten Kleider der Sünde, der Selbsterniedrigung und der Verurteilung ablegen und die Robe, das innere Kleid unseres Christusbewusstseins anlegen.

ICH BIN beim Wechseln aller meiner Kleider,
leg' Altes ab für den strahlend neuen Tag.
Mit der Sonne des Verstehens,
BIN ICH erleuchtet ganz und gar.

ICH BIN Licht, innen wie außen.
ICH BIN, was immer Licht ist.
Erfülle mich, befreie mich, preise mich!
Versiegle mich, heile mich, reinige mich!
Bis sie sagen, dass ich verwandelt bin:
Ich scheine wie der Sohn,
ich scheine wie die Sonne!

I AM changing all my garments,
Old ones for the bright new day;
With the sun of understanding
I AM shining all the way.

I AM light within, without;
I AM light is all about.
Fill me, free me, glorify me!
Seal me, heal me, purify me!
Until transfigured they describe me:
I AM shining like the son,
I AM shining like the sun!

Auferstehung (Solarplexus-Chakra)

Im Augenblick seiner Auferstehung kehrte Jesus zu dem Ort zurück, an dem sein Körper lag, das Grab der Materie, das Labor der Materie. Zu seinem Kopf- und Fußende stand je ein Engel und hielt den männlichen und weiblichen Pol der Flamme der Auferstehung. Durch die Wissenschaft des gesprochenen

Wortes erteilte Jesus den Befehl an die Flamme der Auferstehung, in seinen Körper einzudringen und seine physische Gestalt wiederzubeleben.

Die Flamme der Auferstehung ist eine Kombination der Dreifaltigkeit – aus Rosa, Gelb und Blau. Wenn die dreifaltige Flamme ausgeglichen und ausgedehnt ist, beschleunigt sich die Schwingung, und die drei Zungen beginnen, sich wirbelnd zu drehen. Dabei nehmen sie die Farbe von Perlmutt, des weißen Lichts an, das in sich alle Farbschattierungen des Regenbogens enthält.

Die Flamme der Auferstehung ist eine kraftvolle Ergänzung bei der Heilung. Sie besitzt die Fähigkeit, dem Leben wieder zu seiner richtigen Funktionsweise zu verhelfen, den Körper zu verjüngen und die Erinnerung an den ursprünglichen göttlichen Plan wiederherzustellen.

> ICH BIN die Flamme der Auferstehung,
> durchflute mich mit Gottes reinem Licht.
> Jetzt beschleunige ich jedes Atom,
> ICH BIN befreit von allen Schatten.

> ICH BIN das Licht von völliger Gottes-Gegenwart.
> ICH BIN das Leben in immerwährender Freiheit.
> Die Flamme des ewigen Lebens
> erhebt sich nun zum Sieg.

> *I AM the flame of resurrection*
> *Blazing God's pure light through me.*

Now I AM raising every atom,
From every shadow I AM free.

I AM the light of God's full Presence,
I AM living ever free.
Now the flame of life eternal
Rises up to victory.

Der Aufstieg (Wurzelchakra)

Auf dem Hügel von Bethanien nahm die Wolke der ICH-BIN-Gegenwart Jesus vor 500 Augenzeugen auf („vor ihren Augen weg" (Apostelgeschichte 1, 9)) – sie entzog ihn ihrem Blickfeld oder ihrer Schwingung. So blieb für alle Zeiten die Aufzeichnung, dass der Seelenaufstieg das Ziel des Lebens für jeden Sohn und jede Tochter Gottes ist. Wir steigen jeden Tag ein wenig weiter empor, während uns ein Teil unseres Nicht-Selbst genommen wird und ein Teil des Höheren Selbst in unsere Gestalt herabsteigt. Wenn wir täglich dieses Mantra beten, bekräftigt es die Initiation zum Seelenaufstieg in unserem Inneren, und schließlich können auch wir in den Aufstiegsstrom eintreten, in das Mutterlicht, in die Mutterflamme der Reinheit.

ICH BIN das Licht des Aufstiegs,
der Sieg, der frei fließt.
Letztlich siegte das Gute
für alle Ewigkeit.

ICH BIN Licht, alle Last ist gewichen.
Ich erhebe mich in die Luft.
Mit ganzer Gotteskraft vergieße ich an alle
mein wundersames Lied des Lobpreises.

Oh Jubel! ICH BIN der lebendige Christus,
der ewig Liebende.
Aufgestiegen nun mit ganzer Gotteskraft,
ICH BIN eine strahlende Sonne!

I AM ascension light,
Victory flowing free,
All of good won at last
For all eternity.

I AM light, all weights are gone.
Into the air I raise;
To all I pour with full God-power
My wondrous song of praise.

All hail! I AM the living Christ,
The ever-loving One.
Ascended now with full God-power,
I AM a blazing Sun!

V. Kapitel

Meister, Engel und Elementarwesen

Neben dem Orden der Meister und Menschen gibt es zwei weitere Reiche spiritueller Wesen: Das Engelreich und das Reich der Elementarwesen. Als Gott den Menschen erschuf und ihm auftrug, fruchtbar zu sein, sich zu vermehren und sich die Erde untertan zu machen, stellte er ihm Helfer zur Seite, die ihn bei der wichtigen Aufgabe unterstützen sollten, Gottes Königreich auszudehnen. Die Engel als fürsorgliche Betreuer und die Elementarwesen als Diener der Erde, der Luft, des Feuers und des Wassers bildeten das kosmische Gefolge, das den Menschen begleitete, als er auf die Erde hinabstieg, „Wolken der Herrlichkeit" hinter sich nachzog und gelobte: „Siehe! ICH BIN gekommen, dass ich tue, Gott, deinen Willen!"

Drei goldene Zeitalter lang sprach der Mensch frei mit seinem Gott und hatte engen Kontakt zu den Engeln und Elementarwesen. Die Zwiesprache mit allem Leben war uneingeschränkt, und die Zusammenarbeit zwischen Engeln, Elementarwesen und dem Menschen war unverdorben.

Dem Menschen war die Aufgabe zugeteilt worden, die Schöpfung zu beaufsichtigen und gemeinsam mit Gott an der Planung, Gestaltung, Erfindung und Organisation der Aktivitäten auf der Erde zu arbeiten. Die Elementarwesen, die Formgeber, hatten die bedeutsame Aufgabe, die Absichten von Gott und den Menschen zu manifestieren. Den Engeln war die Verantwortung übertragen worden, sich sowohl um die Bedürfnisse der Menschen als auch um die der Elementarwesen zu kümmern.

Die drei Reiche

Die Elohim sind die höchsten Wesen im Reich der Elementarwesen. Den Elohim unterstehen die Lenker der Elemente, die wiederum für die Gnome, Sylphen, Undinen und Salamander, die Elementarwesen, die sich um die vier Elemente des Naturreiches kümmern, verantwortlich sind.

Die Erzengel sind die vorrangigsten Wesen im Engelreich, das bis zum kleinsten Engelchen hinabreicht. Zu diesem Reich gehören die Cherubim, die Seraphim und weitere Engelschöre unter ihren jeweiligen Anführern. Jeder Aufgestiegene Meister hat seine eigene Engelsschar, die mit ihm dient, um die Flamme, die er hütet, zu vergrößern und zu verstärken.

Das Reich der Aufgestiegenen Meister ist der Orden der Gechristeten, der Entwicklungszweig, den wir die Söhne und

Töchter Gottes nennen. Die Menschheit gehört dieser Ordnung an. Ihre Bestimmung ist es, der Christus zu werden. Zu dieser Ordnung gehören frisch aufgestiegene Wesen sowie alte Meister, die das Christusbewusstsein zum Ausdruck bringen.

Die drei Ordnungen des himmlischen Chorsystems offenbaren sich in der dreifältigen Flamme. Die Bestimmung der Söhne und Töchter Gottes ist es, die Intelligenz des Christusgeistes darzustellen und dabei die Genialität Gottes auf die Erfindung und Kreativität zu richten. Sie stellen die gelbe Flammenzunge des Ordnungssystems dar.

Die rosa Zunge der dreifältigen Flamme des Systems ist der Chor der Engelsscharen. Ihr Dienst besteht darin, die Gefühle und Tugenden Gottes auszudrücken. Sie bringen die Eigenschaften der Hoffnung, Liebe, Gnade, des Mitgefühls, der Nächstenliebe und Beständigkeit sowie all die Tugenden, die wir brauchen, um unser Leben zu meistern. Die Engel stehen uns hilfreich zur Seite, um diese Gefühle zu verstärken. Sie tun dies oft über himmlische Musik, die unter dem Begriff „Sphärenmusik" bekannt ist.

Der Verfasser des Briefes an die Hebräer berichtet: Gott „macht seine Engel zu Winden und seine Diener zu Feuerflammen".[38] Gott erschuf die Engel direkt aus seiner eigenen Essenz. Die Engel dienen auf einem der sieben Farbstrahlen mit ihren Hierarchen, den sieben Erzengeln.

Das Reich der Elementarwesen stellt die blaue Zunge der dreifältigen Flamme dar, die Kraft Gottes, die alle Dinge auf der physischen Ebene offenbart.

Die sieben Elohim

Die sieben mächtigen Elohim und ihre weiblichen Gegenstücke sind die „Formenbauer". Als Gott das Fiat „Es werde Licht" ertönen ließ, waren es die Elohim, die antworteten: „Und es ward Licht".[39] Und als sie antworteten, wurde es Licht. Als Gott die Gestaltung des Kosmos auf der physischen Ebene lenkte, waren es die Elohim, die diese Schöpfung vollbrachten.

„Elohim" ist der Name Gottes, der im ersten Bibelvers verwendet wird: „Am Anfang schuf Gott [Elohim] Himmel und Erde."[40] „Elohim" ist einer der hebräischen Namen für Gott, der im Alten Testament rund 2.500-mal benutzt wird. Er bedeutet „der Mächtige" oder „der Starke". „Elohim" ist ein kollektives Nomen und bezieht sich auf die Zwillingsflammen der Gottheit, die das „göttliche Wir" umschließen.

Die sieben mächtigen Elohim sind die „sieben Geister Gottes", wie sie in der Offenbarung genannt werden, und die „Morgensterne", die am Anfang gemeinsam sangen, wie der Herr seinem Diener Hiob enthüllte.

Engel an Ihrer Seite

Die Engel wollen nicht nur unsere Vermittler sein, sondern sie wünschen sich auch, mit uns zu arbeiten. Und um mit ihnen zu arbeiten, müssen wir sie kennen lernen, wir müssen verstehen, wer sie sind und was sie für uns tun können.

Das Wort „Engel" kommt vom Lateinischen „angelus" und bedeutet „Bote" oder „Botschafter". Jeder Engel, der Sie besucht, ist ein Bote, sei es ein Sendbote der Liebe, der Freude und des

ELOHIM DER SIEBEN STRAHLEN

Strahl	Elohim	Sitz ihres ätherischen Rückzugsortes
1	Herkules und Amazonia	Half Dome, Sierra Nevada, Yosemite Nationalpark, Kalifornien, USA
2	Apollo und Lumina	westliches Niedersachsen, Deutschland
3	Heros und Amora	Winnipegsee, Kanada
4	Reinheit und Astrea	Archangelsk, Dwinabucht, Südostarm des Weißen Meeres, Russland
5	Zyklopea und Virginia	Altai-Gebirge am Berührungspunkt zwischen China, Sibirien und der Mongolei, bei Tabun Bogdo
6	Friede und Aloha	Hawaii-Inseln
7	Arkturus und Viktoria	bei Luanda, Angola, Afrika

Friedens oder der Unterweisung, der Warnung und des Schutzes. Engel sind Boten des Lichts. Sie sind der „verlängerte Arm" der lebendigen Gegenwart Gottes. Gott erschuf die Engel, damit sie der Menschheit seine Botschaften überbringen, um unsere Beschützer und Helfer zu sein und um sich um unsere Bedürfnisse zu kümmern. Sie verstärken Gefühle des Glaubens, der Hoffnung und der Nächstenliebe, der Ehre, der Rechtschaffenheit, des Mutes, der Wahrheit und der Freiheit sowie jeden Aspekt des Geistes Gottes.

Die Engel üben zahllose Funktionen aus. Es gibt Schutzengel, Engel der Heilung, der Weisheit, der praktischen Anwendung, der Liebe und der Barmherzigkeit. Es gibt Engel, die uns während unserer Zyklen von Geburt und Tod begleiten. Es gibt sogar Weihnachtsengel, die wir jederzeit während des ganzen Jahres anrufen können, damit sie die Weihnachtsfreude in die Welt bringen.

Engel sehen das Geschehen aus einer übergeordneten Perspektive und arbeiten auf allen Ebenen unseres Seins mit uns. Sie wissen, wo wir herkommen und wohin wir gehen. Sie wissen, dass wir bereits frühere Leben hatten und weitere haben werden. Sie verstehen die Gesetze, die Gottes Universum regieren, auch das Gesetz des Karmas.

Wenn Sie mit dem Besuch eines Engels gesegnet werden, so denken Sie daran, dass die Engel eine Mission haben. Sie haben Ihnen etwas zu sagen, und Sie müssen daher auch hinhören. Sie müssen überlegen, meditieren, für einen Augenblick innehalten und nachsinnen, was diesen Engel dazu bewegt, in diesem besonderen Moment an Ihrer Seite zu erscheinen.

Die Engel waren duch die gesamte Menschheitsgeschichte hindurch immer anwesend und haben ihren Platz in jeder Weltreligion. Die Engel sind immer noch bei uns, doch manchmal wird ihre Gegenwart und unsere Fähigkeit, sie zu spüren und mit ihnen Kontakt aufzunehmen, einfach durch die Menge an „Lärm" erstickt, der uns in unserem täglichen Leben bombardiert. Zählen Sie doch einmal die Momente in Ihrem Leben, in denen kein Telefon klingelt, kein Fernsehgerät eingeschaltet ist und auch sonst nichts um Sie herum los ist.

Wenn Sie die Begleitung der Engel wünschen, so schaffen Sie Platz für sie in Ihrem Leben. Denn die Engel leben in der Welt des Geistes, in der Himmelswelt, und wir leben in der Welt der Materie. Engel zieht es von Natur aus zurück zu ihrem Heim im Licht. Wenn Sie daher möchten, dass Engel sich bei Ihnen wohl fühlen, so müssen Sie Ihre Welt - Ihre Gedanken, Ihre Gefühle und Ihr Umfeld - der ihren anpassen. Wenn Sie sich den Engeln annähern, werden diese auch Ihnen entgegenkommen.

Dies erfordert etwas Zeit und Mühe. Es erfordert etwas freie Zeit, um in eine tägliche Meditation zu gehen und ein Meditationsmoment aufzubauen, wenn wir mit den Engeln und dem Geist Gottes in uns eine direktere Kommunikation führen möchten. Die Engel können uns dabei helfen, diese Unterhaltung zu erleichtern, wenn wir ihnen helfen, indem wir uns etwas Zeit nehmen, um allein zu sein und die Sinne zur Ruhe kommen zu lassen. Vielleicht möchten Sie einen besonderen Ort einrichten, und sei es nur eine kleine Nische in einem Raum, wohin Sie sich zum Meditieren, zum Beten und zum Zwiegespräch mit Gott zurückziehen können. Am wichtigsten ist, dass Sie sich in der Gesellschaft der Engel wohl fühlen - wohl fühlen im Gespräch mit ihnen, im Gebet zu ihnen. Sie hören unsere Gebete und beantworten sie als Botschafter Gottes.

Die Engel haben schon viele stille Gebete oder innige Herzenswünsche erhört. Sie *müssen* nicht laut sprechen, um ihre Aufmerksamkeit auf sich zu ziehen, doch Sie werden eine kraftvollere Antwort erhalten, wenn Sie laut zu ihnen sprechen. Wenn Sie einen Engel im Namen Gottes und im Namen Christi anrufen, so ist dieser Engel aufgrund des kosmischen Gesetzes dazu verpflichtet, Ihnen zu helfen. Den Namen Gottes und seines Sohnes zu benutzen ist dabei einer der Schlüssel für die Arbeit mit den Engeln.

Die Engel werden Ihre Bitten erfüllen, solange diese mit dem Willen Gottes übereinstimmen. Bitten Sie einen Engel um etwas, so muss er nicht nur Ihren Ruf, sondern auch den freien Willen derjenigen berücksichtigen, für die Sie gebetet haben. Manch einer wird – bewusst oder unbewusst – das Gebet oder das Eingreifen ablehnen, und einige werden geheilt werden oder das Einschreiten erfahren.

Nahezu jeder Mensch, der sich schon einmal Gedanken über Engel gemacht hat, stellt sich folgende Fragen: „Warum beantworten die Engel manche Gebete, aber andere nicht? Warum betet der eine zehn Jahre lang für etwas, ohne es jemals zu bekommen, und der andere bekommt es sofort? Warum werden manche Häuser durch eine Flut oder einen Brand zerstört, während andere unberührt bleiben? Hören die Engel nicht alle Gebete?" Doch, Engel hören alle Gebete. Ein Grund dafür, weshalb die Antworten unterschiedlich ausfallen, besteht darin, dass die Engel auf unsere Gebete nur in Abhängigkeit von der kumulativen Wirkung unserer Handlungen in der Vergangenheit antworten können – also auf der Basis unserer guten und schlechten Taten in diesem und in vergangenen Leben. Ja, hier kommt das Wort „Karma" erneut ins Spiel.

Die Engel sind weder Genies noch der Weihnachtsmann. Auch sie müssen sich an die Gesetze des Universums halten, und dazu gehört auch das Gesetz des Karmas. Wenn wir beten und uns in einer Andacht an die Engel wenden, können sie die Auswirkungen des Karmas manchmal löschen, oft können sie sie jedoch nur reduzieren. Manchmal muss unsere Seele auch die eine oder andere Auswirkung von Karma erfahren, um bestimmte Lektionen zu lernen und spirituell zu wachsen.

Die Engel hören also all Ihre Gebete. Doch damit Ihnen Ihre Wünsche erfüllt werden, müssen diese drei Bedingungen erfüllen: 1. Sie dürfen nicht mit Gottes Plan für Ihre Seele (bzw. mit Ihrem Karma) in Konflikt geraten. 2. Sie dürfen für Sie selbst oder irgendeinen anderen nicht schädlich sein. 3. Das Timing muss passen.

Es ist wichtig, dass man für das Richtige betet und darum bittet, dass die eigenen Gebete an den Willen Gottes angepasst werden. Stellen Sie fest, dass ein Gebet nicht erhört wird, so gibt es womöglich auch einen Grund dafür. Vielleicht beten Sie schon seit Jahren dafür, im Lotto zu gewinnen, aber Sie gewinnen nicht, weil Ihre Seele die Lektion lernen muss, wie man sich seinen Lebensunterhalt verdient, und weil Sie mit Ihren Arbeitskollegen Karma ausgleichen müssen. Doch wenn Sie bei der Arbeit Ihr Bestes geben, Ihren spirituellen Weg verfolgen und mit den Engeln arbeiten, werden Sie vielleicht etwas bekommen, was Sie gar nicht erwartet hatten, wie etwa einen besser bezahlten Arbeitsplatz, der Ihnen neue Möglichkeiten eröffnet. Die Engel versuchen immer, Ihnen in der für Sie und Ihren spirituellen Weg besten Weise zu antworten.

Erzengel Michael – Ihr Beschützer

Erzengel Michael

Ob in jüdischen, christlichen oder islamischen Schriften, in ihnen allen wird Erzengel Michael, der Erzengel des ersten Strahles, verehrt. Die jüdische mystische Tradition identifizierte ihn als den Anführer der Schar des Herrn, der Josua vor der Schlacht von Jericho erschien, und auch als den Engel, der die Israeliten durch die Wildnis führte.

Erzengel Michael und seine Schutzengel können Ihre Anrufungen am besten beantworten, wenn Sie täglich zu ihnen beten. Michaels Engelsscharen können als Antwort auf Ihren Ruf einen Schutzwall aus blauen Flammen um Sie selbst, um Ihre Familie und Ihre Lieben herum errichten. Selbst die Worte „Erzengel Michael, hilf mir! Hilf mir! Hilf mir!" werden augenblicklich Engel des blauen Blitzes an Ihre Seite holen. Schicken Sie sie überall dorthin, wo Hilfe nötig ist. Kein Problem ist zu klein oder zu groß, um es an die Erzengel heranzutragen.

Das folgende Gebet richtet sich an Erzengel Michael. Sie können es einsetzen, wenn Sie unterwegs sind, ganz gleich, welches Verkehrsmittel Sie benutzen. Vielleicht machen Sie es sich ja auch zur Gewohnheit, Erzengel Michael jeden Tag anzurufen, bevor Sie in Ihr Auto steigen.

SCHUTZ AUF REISEN

Erzengel Michael vorne!
Erzengel Michael hinten!
Erzengel Michael rechts von mir!
Erzengel Michael links von mir!
Erzengel Michael oben!
Erzengel Michael unten!
Erzengel Michael, Erzengel Michael,
wo auch immer ich geh'!

ICH BIN hier und jetzt Teil
seiner beschützenden Liebe!
ICH BIN hier und jetzt Teil
seiner beschützenden Liebe!
ICH BIN hier und jetzt Teil
seiner beschützenden Liebe!

Lord Michael before,
Lord Michael behind,
Lord Michael to the right,
Lord Michael to the left,
Lord Michael above,
Lord Michael below,
Lord Michael, Lord Michael
wherever I go!

I AM his love protecting here!
I AM his love protecting here!
I AM his love protecting here!

Die anderen Erzengel

Erzengel Jophiel ist der Erzengel des zweiten Strahls der Erleuchtung. Mit seinen Engelsscharen bietet er Weisheit, Erleuchtung und Verständnis. Diese Erzengel helfen Ihnen dabei, sich mit Ihrem Höheren Selbst zu verbinden, und sie unterstützen Sie dabei, Informationen aufzunehmen und Ignoranz, Stolz und Engstirnigkeit abzulegen.

Erzengel Chamuel ist der Erzengel der Liebe. Er hilft uns dabei, uns darauf vorzubereiten, den Heiligen Geist zu empfangen, ein Gefühl für Liebe, Mitgefühl und Kreativität zu entwickeln und Egoismus, Selbstverachtung und ein niedriges Selbstwertgefühl abzulegen. Die Engel der Liebe helfen uns bei allen Arten von Beziehungen, sei es auf der persönlichen Ebene (wie etwa beim Wiederherstellen einer lädierten Freundschaft oder der Lösung eines Familienproblems) oder auf der Ebene des Dienstes an der Welt (wie etwa bei der Behebung ethnischer und rassistischer Spannungen).

Gabriel ist der Erzengel des vierten Strahls der Reinheit und der Disziplin. Er ist der Engel der Verkündigung, derjenige, der Maria die Geburt Jesu ankündigte, und derjenige, der kommt, um die Geburt des Christuskindes in Ihnen anzukündigen. Er bietet Führung bei der Gestaltung Ihres spirituellen Lebens und bei der Enthüllung Ihres göttlichen Planes sowie Ihres Lebenszweckes. Man kann ihn anrufen, damit er Mutlosigkeit vertreibt und Freude, Glück und Erfüllung fördert. Er kann mit seinen Engelsscharen dabei behilflich sein, Disziplin und Ordnung in Ihr Leben zu bringen. Die Engel des vierten Strahles fördern die Organisation in jedem Lebensbereich,

DIE ERZENGEL DER SIEBEN STRAHLEN

Strahl	Erzengel	Sitz ihres ätherischen Rückzugsortes
1	Michael und Glaube	Banff und Lake Louise, Kanada
2	Jophiel und Christine	im Süden der Großen Mauer, bei Lanchowim Norden von Zentralchina
3	Chamuel und Caritas	St. Louis, Missouri, USA
4	Gabriel und Hoffnung	zwischen Sacramento und Mount Shasta, Kalifornien, USA
5	Raphael und Mutter Maria	Fátima, Portugal
6	Uriel und Aurora	Tatra-Gebirge südlich von Krakau, Polen
7	Zadkiel und Amethyst	Kuba

sei es auf der persönlichen Ebene oder bei Regierungen oder sonstwo auf der Welt. Erzengel Gabriel kümmert sich besonders darum, dem Terrorismus Einhalt zu gebieten.

Der Erzengel des fünften Strahls der Wissenschaft, der Musik und der Heilung ist *Erzengel Raphael*. Er und seine Scharen helfen uns dabei, Ganzheit, Vision und spirituelle Einsicht zu entwickeln. Er bringt uns das Geschenk der Wahrheit. Wir können Raphael um Hilfe bei der Heilung von Körper, Geist und Seele anrufen, und wir können ihn bitten, uns bei der Ausübung traditioneller Medizin, ergänzender und alternativer Heilmethoden, Musik, Mathematik, Wissenschaft und Computerwissenschaft zur Seite zu stehen. Er kittet die Spaltungen zwischen Nationen, heilt Menschen, die sich auf dem Schlachtfeld des Lebens Wunden zugezogen haben, und inspiriert zu neuen Heilmethoden bei Krankheiten.

Uriel ist der Erzengel des sechsten Strahls des Dienens und des Friedens. Sein Anliegen ist es unter anderem, Kriege zu beenden, Frieden zu bringen und die Brüderlichkeit und das Verständnis zu fördern. Er ist auch als der Erzengel der Rechtsprechung und des Urteilspruchs bekannt. Er fördert den inneren Frieden, die Gelassenheit und die friedliche Lösung aller Probleme. Er schenkt neue Hoffnung und entwirrt die Knoten der Angst und der Wut in der Psyche. Er arbeitet mit Beratern, Lehrern, Richtern, Staatsdienern und allen Menschen zusammen, die anderen dienen.

Zadkiel ist der Erzengel der violetten Flamme, der uns die Qualitäten von Seelenfreiheit, Glück und Freude, Vergebung, Gerechtigkeit und Gnade bringt. Er kann schmerzhafte Erinnerungen und negative Züge auflösen und uns helfen, Toleranz, Taktgefühl und Diplomatie zu entwickeln. Wie bei allen Erzengeln ist das Spektrum seiner Dienste an der Welt breit gefächert. Rufen Sie ihn für erfolgreiche Verhandlungen und Verträge aller Art an.

Beten Sie täglich zu den sieben Erzengeln. Es gibt keinen Lebensbereich, in dem die Erzengel nicht brillieren. Gemeinsam mit den Elohim, den Co-Schöpfern des Lebens und der Form, haben sie die Macht, zu schöpfen und Schöpfung aufzulösen. Die Erzengel sind außergewöhnliche Wesen – nichts weniger als der verlängerte Arm Gottes selbst, sie sind Gottes Gnade, Majestät und Kraft.

Zusammenarbeit mit den Elementarwesen

Ohne die unermüdliche Arbeit der Elementarwesen hätten wir keine physische Plattform, auf der wir leben könnten. Wir hätten keinen Ort, an dem wir unser Karma abarbeiten oder spirituell wachsen könnten.

Die Elementarwesen haben die Anweisung, die Balance der Naturkräfte auf der Erde aufrechterhalten. Das Ungleichgewicht ist entstanden, weil sich die karmische Last der Menschheit über Jahrhunderte und Jahrtausende aufgebaut hat. Doch die Elementarwesen arbeiten nach wie vor heldenhaft daran, die Erde, die Luft und das Wasser unseres Planeten zu reinigen.

Tag für Tag arbeiten sie daran, die Erde im Gleichgewicht zu halten. Wie die Menschen auch, können sie dabei lustlos, müde, überlastet und überarbeitet sein. Sie können durch Verschmutzung und das Gewicht des Karmas der Menschheit niedergedrückt werden. Wenn die Menschen aber die violette Flamme anrufen, um die Elementarwelt von dieser Belastung zu befreien, dann werden die Elementarwesen imstande sein, effektiver zu dienen und der Erde und ihrer Umwelt neue Harmonie zu bringen.

Wir möchten einen kurzen Blick auf die vier Typen der Elementarwesen und ihre „Aufseher", die Hierarchen der Elemente, werfen.

Die Sylphen sind die Elementarwesen der Luft, die die vier Winde, die Atmosphäre und die Wolken kontrollieren. Unter der Anleitung ihrer Hierarchen, **Aries und Thor**, waschen und reinigen die Sylphen die Atmosphäre und versorgen den Geist, das Herz und jede Zelle des Lebens mit Sauerstoff. Sie sind für die Reinigung des Luftelements, der Atmosphäre und der geistigen Zone des Planeten und seiner Menschen verantwortlich.

Neptun und Luara sind die Hierarchen des Wasserelements. Sie steuern die Aktivitäten der **Undinen**, der Elementarwesen des Wassers, die sowohl die Gewässer der Erde als auch die Emotionalkörper der Menschen regulieren, reinigen und ins Gleichgewicht bringen. Die Undinen intensivieren die Reinheit und den Strom des Lichtes Gottes in den Gewässern. Da mehr als zwei Drittel der Erdoberfläche mit Wasser bedeckt sind, sind die Undinen immer sehr beschäftigt.
Wir sind gebeten worden, die violette Flamme anzurufen, nicht nur, um die physische Verschmutzung des Wassers, sondern auch um das kollektive Unbewusste der Menschheit und alle Finsternis, Krankheit und Tod umzuwandeln – alles, was die Emotionalkörper der Menschheit und die Gewässer des Planeten Erde verschmutzt.

Die Elementarwesen des Feuers heißen *„Feuersalamander"*. Sie dienen unter der Regie von **Oromasis und Diana**, um bei der Reinigung der vier niederen Körper der Menschheit zu helfen, indem sie den physischen Körper von den Ablagerungen verunreinigter Nahrungsmittel, Drogen und Genussmittel befreien. Die Salamander sind feurige Wesen, deren Aura sich wellenförmig mit den Regenbogenstrahlen des Kausalkörpers bewegt. Da sie aus flüssigem Feuer bestehen, das das Bewusstsein derjenigen, welchen sie dienen, widerspiegelt, wandelt sich ihr Erscheinungsbild ständig, denn ihr chamäleonhaftes Wesen reflektiert augenblicklich das Prisma des Christusbewusstseins, das mit ihren Formen spielt.

Rufen Sie, sobald irgendwo ein unkontrolliertes Feuer ausgebrochen ist, Oromasis und Diana sowie die Feuersalamander an, damit sie den Willen Gottes umsetzen. Bitten Sie zugleich um ihre Befreiung vom Einfluss negativer Kräfte, die die Elementarwelt gefangen halten. Rufen Sie Erzengel Michael an, er möge die Salamander und die gesamte Elementarwelt von der Negativität und der schwarzen Magie freischlagen, die diese daran hindern, ihren Dienst im vollen Gehorsam gegenüber dem Willen Gottes zu verrichten.

Virgo und Pelleur sind die Lenker des Erdelements, die Mutter und der Vater der Erde und der Elementarwesen des Erdelements, welche als „Gnome" bekannt sind. Es gibt Milliarden und Abermilliarden von Gnomen, die sich um die Zyklen der Erde in den vier Jahreszeiten kümmern und den Planeten von Giften und Schadstoffen reinigen, die für die physischen Körper von Mensch, Tier und Pflanzenwelt so gefährlich sind.

Das Körper-Elementarwesen

Ein weiteres Elementarwesen ist noch erwähnenswert. Jeder von uns hat einen treuen Diener, der als „Körper-Elementarwesen" bezeichnet wird – ein Naturwesen (normalerweise unsichtbar, das unbemerkt agiert), das unserer Seele vom Augenblick unserer ersten Inkarnation an gedient hat. Seine (oder ihre) Aufgabe besteht darin, den physischen Körper zu versorgen. Das Körper-Elementarwesen, das etwa einen Meter hoch ist, der betreffenden Person ähnlich sieht und mit dem Schutzengel unter der Anweisung des Christusselbst arbeitet, ist der unsichtbare Freund und Helfer des Menschen.

Wie alle Elementarwesen besitzt auch unser Körper-Elementarwesen keine dreifältige Flamme. Doch wenn wir unsere Auferstehung erfolgreich vollzogen haben und zum Seelenaufstieg bereit sind, kann unser Körper-Elementarwesen mit einer dreifältigen Flamme beschenkt werden und gemeinsam mit uns den Aufstieg vollziehen.

Das Körper-Elementarwesen besitzt ein Bewusstsein, und sein Bewusstsein durchdringt Ihren physischen Körper. Doch Sie sind der Meister Ihres Körper-Elementarwesens. Wenn Sie ihm (oder auch ihr) positiven Input vermitteln und nicht die üblichen Klagen, werden Sie viel glücklicher, gesünder und heiliger werden – und Ihr Körper-Elementarwesen ebenfalls. Natürlich kann Ihr Körper-Elementarwesen seine Aufgabe nicht optimal verrichten, auch wenn er oder sie es noch so gern wollte, wenn Sie ihm nicht die beste Nahrung, körperliche Betätigung sowie spirituelle Übungen angedeihen lassen.

VI. KAPITEL

DIE FINSTERNIS UND DAS LICHT

Wir brauchen nur jeden Tag die Zeitung zu lesen, um festzustellen, dass auf Erden nicht alles bestens ist. Während wir einerseits Menschen sehen, die versuchen, positive Veränderungen herbeizuführen und der Welt Frieden und Heilung zu bringen, beobachten wir zugleich auch andere, die Hass, Fanatismus, Gewalt und Zerstörung bringen. Ein Teil unseres Daseinszwecks besteht darin, den göttlichen Plan auf Erden zu verwirklichen. Wenn wir uns bemühen, dies zu tun, werden wir letztendlich der Finsternis, die sich dem widersetzt, Auge in Auge gegenüberstehen.

Himmel und Hölle

Wir haben bereits über die Himmelswelt und die Lichtwesen gesprochen, die dort leben. Doch ebenso, wie es Existenzstufen mit einer Schwingung gibt, die höher ist als die physische, gibt es auch solche, die eine viel niedrigere Schwingung haben. Diese Stufen heißen „Astralebene" - eine Frequenz von Raum und Zeit, die jenseits des Physischen liegt und dem Emotionalkörper und dem kollektiven Unbewussten der Menschheit entspricht. Die Astralebene ist durch die unreinen Gedanken und Gefühle der Menschheit so getrübt und verschmutzt worden, dass der Begriff „astral" oft benutzt wird, um negative Ebenen der Existenz zu bezeichnen. Während der Emotionalkörper des Planeten eigentlich dazu bestimmt war, die reine Reflexion des Gottesbewusstseins zu sein, stellen wir nun fest, dass der Verschmutzungsgrad dieser Ebenen weit stärker ist als auf der physischen Ebene. So, wie es 33 Stufen der Himmelswelt gibt, gibt es auch 33 Stufen auf der Astralebene, die mit jeder Stufe nach unten immer mehr an Schwingung abnehmen. Die unteren Schichten der Astralebene sind verdichtete, finstere Orte, wo böse, verderbte Geister hausen können. Die tiefsten und dunkelsten Stufen entsprechen der Hölle. Dies sind die Orte, wo die finstersten Gestalten zu finden sind.

Mächte der Finsternis

Ebenso, wie es in der Himmelswelt große Lichtwesen gibt, gibt es direkt hinter dem Schleier auch Mächte der Finsternis, die versuchen, den göttlichen Plan des Himmels zu zerstören. Ihr

Ursprung wird im Buch der Offenbarung beschrieben: „Und es erhob sich ein Streit im Himmel: Michael und seine Engel stritten mit dem Drachen, und der Drache stritt und seine Engel und siegten nicht, auch ward ihre Stätte nicht mehr gefunden im Himmel. Und es ward ausgeworfen der große Drache, die alte Schlange, die da heißt der Teufel und Satanas, der die ganze Welt verführt, und ward geworfen auf die Erde, und seine Engel wurden auch dahin geworfen."[41] Der Schweif des Drachen riss ein Drittel der Sterne vom Himmel - ein Drittel der Engel - und warf sie auf die Erde.

Und so wurden vor Tausenden von Jahren jene Engel, die gegen Gott rebellierten, aus dem Himmel auf die Ebenen der Erde geworfen - die vier Ebenen der Materie. Sie leben heute als die unsichtbaren Geister weiter (manche auch auf der physischen Ebene), als Botschafter der Finsternis, die sich dem Licht und den Lichtträgern entgegenstellen.

Fordern Sie die Finsternis mit dem Licht heraus

Will man die Finsternis mit dem Licht herausfordern, so muss man spirituelle Arbeit verrichten. Erzengel Michael und seine Engelsscharen haben die Aufgabe, in diese Schlacht zwischen Licht und Finsternis zu ziehen. Wenn wir sie anrufen, verleihen wir ihnen die Befugnis, in die Ebenen der Materie zu treten und die gefallenen Engel, die den Kindern Gottes so viel Schaden zufügen, zu binden und zu beseitigen.

Im späten 19. Jahrhundert veröffentlichte Papst Leo XIII. ein Gebet an den heiligen Erzengel Michael. Es kann zur Austreibung böser Geister benutzt werden, die es auf unser Licht und

unser Bewusstsein abgesehen haben, sowie für die Beseitigung
so vieler Mächte der Dunkelheit auf der Erde. So wie Michael
Luzifer und die gefallenen Engel aus dem Himmel geworfen
hat, so ist er auch die Schlüsselfigur im großen spirituellen
Kampf, der heute noch in unserer Welt ausgetragen wird.
Hier ist Papst Leos Gebet, das an die Herausforderungen der
heutigen Zeit angepasst ist:

„Heiliger Erzengel Michael, verteidige uns in
Armageddon, in diesem Entscheidungskampf.
Verteidige uns gegen die Bosheit und die
Nachstellungen des Teufels, sei unser Schutz.

‚Gott gebiete ihm', so bitten wir flehentlich; du
aber, Fürst der himmlischen Heerscharen, binde
die Kräfte des Todes und der Hölle, die Samen
des Satans, die falsche Hierarchie des Anti-
Christen und alle bösen Geister, die in der Welt
umherschleichen, um die Seelen zu verderben,
durch die Kraft Gottes und schicke sie zum
Jüngsten Gericht in den Thronsaal Gottes.*

Wirf die Finsteren und ihre Finsternis, die
Bösewichte und ihre bösen Worte und Taten,
Ursache und Wirkung, Aufzeichnung und
Erinnerung in das Meer des heiligen Feuers,
das ‚auf den Teufel und seine Engel wartet'.

---

* Der „Thronsaal Gottes" wird im Buch der Offenbarung, Kapitel 4 und 5,
beschrieben.

Im Namen des Vaters, des Sohnes, des Heiligen
Geistes und der Mutter. Amen."

Wenn Sie ein Gebet oder eine Anrufung wie diese sprechen,
sind Sie von der Gemeinschaft der Heiligen, der Wolke der Augenzeugen, umringt. Wenn Sie zu Ihrer ICH BIN-Gegenwart
gehen, kommt der Heilige Geist als Tröster herab. Erzengel
Michael und seine Engelsscharen antworten umgehend. Ihre
Gegenwart ist bei Ihnen. Sie können dieses Kraftmoment und
diese Stärke anfordern, die von den Aufgestiegenen Meistern
und dem gesamten Geist der Großen Weißen Bruderschaft un-
terstützt werden. Sie können die Anrufung auch zur Heraus-
forderung jeglicher Finsternis, die Ihren Weg kreuzt oder Ihre
Aufmerksamkeit anzieht, sprechen. Sie müssen einfach nur die
Anrufung machen. Nutzen Sie die Wissenschaft des gesprochenen Wortes, und die Aufgestiegenen Meister müssen nach
dem kosmischen Gesetz kommen und in Ihre Aura treten. Sie
können ihren Lichtkörper vervielfachen und ihre Gegenwart
über Sie, jeden anderen und auch über jeden Ort stellen, an
dem das Licht angerufen wird.

Gericht über die Mächte der Finsternis

Jesus ist der große Wegbereiter, der uns zeigt, wie wir der
Ausuferung des Bösen auf Erden Einhalt gebieten und die
Mächte der Finsternis herausfordern können, die damit drohen,
sich des Lichts zu bemächtigen.
Vor zweitausend Jahren sagte er: „Ich bin zum Gericht auf diese
Welt gekommen."[42] Und zu Petrus sagte er: „Und ich will dir

127

des Himmelreichs Schlüssel geben: Alles, was du auf Erden binden wirst, soll auch im Himmel gebunden sein, und alles, was du auf Erden lösen wirst, soll auch im Himmel los sein."[43] Heute überreichen uns Jesus und Saint Germain diese Schlüssel, um die gefallenen Engel zu binden.

In alten tibetischen Manuskripten heißt es, dass Jesus 18 Jahre – im Alter von zwölf bis 30 Jahren – im Osten sowohl als Schüler als auch als Lehrer verbracht hat. Er beherrschte die hinduistischen und buddhistischen Schriften und lernte, andere zu heilen und Teufel auszutreiben. Im Osten bereitete sich Jesus auf seine Mission in Palästina vor und lernte, das Licht anzurufen, um mit den Mächten der Finsternis auf der Erde umzugehen.[44] Bevor er sie verließ, sagte er zu seinen Jüngern: „Wer an mich glaubt, der wird die Werke auch tun, die ich tue, und wird größere als diese tun; denn ich gehe zum Vater."[45] Wie sollten wir denn größere Werke als Jesus tun können? Nur durch Christus in uns. Wir tragen den Samen Christi in uns und können mehr und mehr zu diesem Christuslicht werden. Indem unser eigenes Christusselbst durch den Christus Jesu verstärkt wird, können wir auch jene größeren Werke tun.

Von Jesus und den Lichtwesen im Himmel wurde uns eine Vollmacht zur Eindämmung des Bösen auf Erden übertragen. Der Apostel Paulus bestätigt diese Ermächtigung, als er den Christen in Korinth sagte: „Wisset ihr nicht, dass die Heiligen die Welt richten werden? So nun die Welt soll von euch gerichtet werden, seid ihr denn nicht gut genug, geringe Sachen zu richten? Wisset ihr nicht, dass wir über die [gefallenen] Engel richten werden? Wie viel mehr über die zeitlichen Güter."[46]

Die wahre Bedeutung des Gerichts

Wenn wir vom „Gericht" sprechen, meinen wir damit nicht, dass wir über andere richten. In der Tat warnt uns die Bibel davor, uns gegenseitig zu verurteilen: „Richtet nicht, auf dass ihr nicht gerichtet werdet."[47]

Wenn wir um das Richten der Mächte der Finsternis bitten, müssen wir uns ganz genau im Klaren darüber sein, wer dies vollzieht. Es ist nicht unser menschliches Selbst oder unsere menschliche Person. In der Bibel heißt es: „Denn der in euch ist, ist größer, als der in der Welt ist."[48] Der in uns ist, ist das Christuslicht, der verborgene Mann des Herzens, unser persönliches Christusselbst. Kein Werkzeug der schwarzen Magie, kein gefallenes Wesen kann vor dem Herrn, dem lebendigen Christus, bestehen. Doch uns muss vollkommen klar sein, dass es nicht „unser kleines Ich" ist, das niedere Selbst, das dies tut. Es ist das Höhere Selbst, das das Werk verrichtet – Christus in mir, Gott, handelt durch mich. Wir richten nicht. Das Licht ist der Richter.

Jesus warnt uns davor, dass es, wenn wir versuchen, den Gegner allein zu besiegen, keine Garantie für unser Überleben gibt. Denn durch die Heerscharen des Herrn, durch die Ankunft der „Treuen und Wahrhaftigen"[49], durch die Ankunft des Heiligen Geistes im gesamten Geist der Großen Weißen Bruderschaft werden die Kinder des Lichts diesen Verfechtern der Finsternis entrinnen.

Wenn wir diese Arbeit leisten, sollten wir auch Erzengel Uriel kennen lernen, den Engel des Jüngsten Gerichts des Herrn. Seine Gegenwart im Himmel und auf Erden ist grundlegend für die spirituelle Arbeit im Umgang mit dem Bösen. Uriel und die anderen Erzengel stehen bereit, um bei der Lösung aller Weltprobleme zu helfen, einschließlich der Beendigung des internationalen Terrorismus, doch sie brauchen unsere Hilfe und unsere Anrufungen.

Der Same des Lichts in uns

Wenn wir uns mit den Mächten der Finsternis anlegen, müssen wir unseren Blick stets auf das Licht gewandt halten. Es ist wichtig, dass wir uns auf den Samen Gottes in jedem konzentrieren, selbst in unserem schlimmsten Feind. Wenn wir uns auf das Licht konzentrieren und es in uns und anderen nähren, kann sich das Licht auf der Erde verbreiten, um die Finsternis zu vertreiben, die durch den Prozess des Richtens beseitigt wird. Die Probleme der Welt werden nicht von den Vereinten Nationen gelöst werden. Vielmehr werden sie von Einzelpersonen gelöst werden, die eins mit Gott sind. Eine Einzelperson, die mit Gott vereint ist, kann die Initialzündung und Erhöhung einer ganzen Welt bedeuten. Alle Avatare und Wesen des Lichts aller großen Religionen haben diese Botschaft auf verschiedene Weisen gelehrt. Sie können dieses Ziel anstreben, wenn Sie z.B. in einem Bereich oder in einer Berufssparte arbeiten, zu der Sie sich berufen fühlen – ebenso, wie Sie in jeder Form, die Ihrem Herzen entspricht, beten und Gott dienen können.

Der Feind in uns

Jeder von uns besitzt in seinem Inneren ein Höheres Selbst und den Samen des Lichts. Wir haben auch ein „Nicht-Selbst", das in der esoterischen Tradition als der „Hüter der Schwelle" bekannt ist. Es ist das Anti-Selbst, das künstliche Selbst, der Gegenspieler des wahren Selbst. Es ist auch als „der Feind in uns" bekannt.

Der Hüter der Schwelle ist ein Konglomerat aus dem selbst erschaffenen Ego, das durch den unsachgemäßen Gebrauch des Geschenkes des freien Willens mangelhaft gestaltet wurde. Es besteht aus einer Ansammlung missgestalteter Energien, Kraftfeldern, Foki und animalischem Magnetismus*, die das Unterbewusstsein ausmachen.

Die Kraftmomente nicht verwandelten Karmas im Orbit um den Kern des künstlichen Selbst bilden etwas, das an einen „Elektronengürtel" fehlgeleiteter Energien um den unteren Bereich des menschlichen physischen Körpers erinnert. Dieser Elektronengürtel umgibt die vier unteren Körper von der Taille abwärts und enthält Ursache und Wirkung, Aufzeichnung und Erinnerung an das menschliche Karma in seinem negativen Aspekt. Schematisch betrachtet bildet dieses Konglomerat, das am Punkt des Solarplexus' beginnt und sich in einer negativen Spirale weiter abwärts zieht bis unter die Füße, ein dichtes Kraftfeld, das der Form einer Pauke ähnelt.

Der elektronische Gürtel, der auch als der Sitz des Unterbewusstseins oder des Unbewussten bezeichnet wird, enthält die

---

* Der animalische Magnetismus ist die Verdichtung und negative Substanz in einem der niederen vier Körper.

Aufzeichnungen unerlösten Karmas aus allen Inkarnationen. Im Zentrum dieses Strudels unverwandelter Energie sitzt das Bewusstsein des Anti-Selbst, das als der Hüter der Schwelle verkörpert ist und überwunden werden muss, bevor man die wahre Christusschaft erlangen kann.

Womöglich schlummert der Hüter der Schwelle im Unterbewusstsein und tritt nur selten an die Oberfläche des Bewusstseins, während die Menschen ihr Leben im Reich des relativ Guten führen und weder in Kontakt mit der Fülle Christi noch mit der Fülle des Antichristen kommen.

Wird jedoch der Hüter der Schwelle durch die Gegenwart des Christus erweckt, so muss die Seele die freie Entscheidung treffen, ob sie durch die Kraft der ICH-BIN-Gegenwart diese eigenwillige persönliche Macht des Antichristen töten und der Verteidiger des wahren Selbst werden will, bis die Seele voll und ganz mit diesem wahren Selbst vereint ist, oder nicht.

Das Nicht-Selbst ist raffiniert und listig, und die Vorsicht vor ihm ist einer der wichtigsten Schlüssel, die wir auf unserem spirituellen Weg haben. Um den Sieg über das niedere Selbst zu erringen, müssen wir die Hilfe der Engel und der Meister herbeirufen, die die äußeren Beschränkungen und Umstände bereits überwunden haben. Sie sind bereit und willens, uns zu helfen.

> „Zuletzt, meine Brüder, seid stark in dem
> Herrn und in der Macht seiner Stärke.
> Ziehet an den Harnisch Gottes, dass ihr
> bestehen könnet gegen die listigen Anläufe
> des Teufels.
> Denn wir haben nicht mit Fleisch und Blut zu

kämpfen, sondern mit Fürsten und Gewaltigen,
nämlich mit den Herren der Welt, die in der
Finsternis dieser Welt herrschen, mit den bösen
Geistern unter dem Himmel.

Um seinetwillen ergreifet den Harnisch Gottes,
auf dass ihr an dem bösen Tage Widerstand tun
und alles wohl ausrichten und das Feld behalten
möget.

So stehet nun, umgürtet an euren Lenden mit
Wahrheit und angezogen mit dem Panzer der
Gerechtigkeit."

Brief des Paulus an die Epheser (6, 10–14)

VII. Kapitel

Die himmlische Hierarchie

Die Hierarchie des Himmels ist ein gewaltiges Netzwerk von Meistern, Engeln und kosmischen Wesen, die mit noch nicht aufgestiegenen Menschen und Elementarwesen für den Sieg des Lebens auf diesem Heimatplaneten kämpfen. Wir haben bereits über die sieben Chohans, die sieben Erzengel, die sieben Elohim und die Hierarchen des Elementarreichs gesprochen. Hier sind noch einige weitere himmlische Wesen, die eng mit der Erde und ihren Bewohnern zusammenarbeiten.

Die Weltenlehrer Jesus und Kuthumi

Jesus und Kuthumi haben das Amt der Weltenlehrer inne. Sie sind dafür verantwortlich, die Lehren zu verbreiten, die die

Jesus und Kuthumi

Grundlage für die individuelle Selbstmeisterung und für das Christusbewusstsein in diesem 2000-Jahr-Zyklus sein werden. Sie fördern alle Seelen, die die Vereinigung mit Gott suchen, indem sie diese in den grundlegenden Gesetzen unterweisen, die die Verkettung von Ursache und Wirkung ihres eigenen Karmas steuern, und ihnen beibringen, wie sie mit den täglichen Herausforderungen ihres individuellen Dharmas (die Pflicht des Einzelnen, das Christuspotenzial durch die heilige Arbeit zu erfüllen) zurechtkommen können.

Die Weltenlehrer fördern die Bildung der Seelen im Christuslicht auf jeder Stufe, vom Vorschulalter über die Grund- und Hauptschule bis hin zum College- und Universitätsniveau. In jedem Land auf Erden haben sie inspirierte Lehrer, Philosophen, Wissenschaftler, Künstler und Menschen aus allen Bevölkerungsschichten, die in jedem Zeitalter Wissen, speziell jeder Kultur entsprechend, zur Verfügung stellen – so wie auch die vielen Kulturen der Welt dazu dienen, die vielen Facetten des Christusbewusstseins hervorzubringen.

Sie bringen der Menschheit die Lehren des kosmischen Christus und die verschiedenen Stufen auf dem Pfad der Initiation.

Sanat Kumara, der Hochbetagte

Sanat Kumara ist ein großer Meister des Lichts, der vor Urzeiten auf die Erde kam, als die Geschichte des Planeten ihren absoluten Tiefpunkt erreicht hatte. Alles Licht war bei der Entwicklung der Erde erloschen, und es gab kein einziges Individuum, das der Gegenwart Gottes noch Verehrung entgegenbrachte. Sie hatten sich vom kosmischen Gesetz so weit entfernt, dass der kosmische Rat die Auflösung des Planeten beschloss.

Sanat Kumara kam in dieser dunkelsten Stunde auf die Erde. Er und die Schar der 144.000 Lichtseelen, die ihn begleiteten, erklärten sich bereit, die Flamme des Lebens für die Menschen der Erde aufrechtzuerhalten. Sie gelobten, dies zu tun, bis die Kinder Gottes auf die Liebe Gottes reagieren und sich wieder dem Dienst an ihrer ICH-BIN-Gegenwart zuwenden würden.

Sanat Kumara war der erste Sendbote für den Planeten und auch der erste Hüter der Flamme nach dem Fall von Mann und Frau. Sein Rückzugsort, bekannt unter dem Namen „Shambala", befand sich auf der „Weißen Insel" in der Gobisee (jetzt Wüste Gobi). Der physische Rückzugsort von Shambala wurde später auf die ätherische Ebene verlagert.

Der Name Sanat Kumara kommt aus dem Sanskrit und bedeutet „immer jung". Er ist als die „ewige Jugend" bekannt und wurde vom Propheten Daniel als „der Hochbetagte" oder „der Alte" bezeichnet.[50]

Die Linie des rubinroten Strahls

Sanat Kumara und die Meister, die mit ihm in der Linie des rubinroten Strahles dienen, sind die großen Lehrer unserer Zeit.

Sanat Kumara

Sie kommen, um uns in den Pfad des rubinroten Strahls der Kraft, des Mutes, der Tat und des Dienens einzuweihen. Diese fünf Meister sind Sanat Kumara, Gautama Buddha, Maitreya Buddha, Jesus Christus und Padma Sambhava.

Gautama Buddha erlangte die Erleuchtung des Buddha in seiner letzten Inkarnation als Siddhartha Gautama (ca. 563-483 v. Chr.). 45 Jahre lang predigte er seine Lehre der „Vier Edlen Wahrheiten", den „Achtfachen Pfad" und den „Mittleren Weg", die zur Gründung des Buddhismus führten.

Gautama hält das Amt des „Herrn der Welt" inne (im Buch der Offenbarung als „Gott der Erde" bezeichnet). Auf den inneren Ebenen hält er die dreifältige Flamme des Lebens, den göttlichen Funken, für alle Kinder Gottes auf Erden aufrecht.

Maitreya Buddha hat das Amt des kosmischen Christus und des planetarischen Buddhas inne. Er ist im Osten als der lang erwartete Buddha bekannt, der kommen wird, um ein neues Zeitalter des Friedens und der Brüderlichkeit einzuweihen.

Maitreya sagt: „Ich bin der Buddha des Wassermannzyklus'."[51] Dieses *ist* das Zeitalter seines Kommens, und er ist hervorgetreten, um alle zu unterweisen, die vom Weg des großen Gurus, Sanat Kumara, abgekommen sind, von dessen Linie sowohl er als auch Gautama abstammen.

Maitreya erlangte das Christusbewusstsein viele Jahrhunderte vor der letzten Inkarnation Jesu. Er protegierte Jesus und war sein Lehrer. Er war auch derjenige (neben Jesu eigener ICH-BIN-Gegenwart), den Jesus „Vater" nannte.

Er bündelt die Strahlung des kosmischen Christus für die Evolutionen der Erde. Er ist von der Venus aus der Hüter des Planeten Erde. Sein Name bedeutet „liebevolle Güte".

Er ist auch als der große „Initiator" bekannt, denn er weiht uns in die kosmischen Zyklen ein und überwacht unsere Initiation in den spirituellen Pfad.

Jesus Christus kam vor 2.000 Jahren, um einen Pfad der Christusschaft aufzuzeigen, den in dieser Zeit jeder gehen kann. Heute kennen wir ihn als den Aufgestiegenen Meister und Weltenlehrer, der wieder auf der Suche nach Jüngern ist, die mit ihm den Weg gehen und den Sieg des Seelenaufstiegs feiern werden.

Padma Sambhava wird in allen Ländern des Himalayas durchweg als „kostbarer Lehrer" verehrt. Er ist der Begründer des tibetischen Buddhismus, und seine Anhänger verehren ihn als den „zweiten Buddha". Padma Sambhavas Name bedeutet wörtlich „der Lotosgeborene". Er ist ein großer Anhänger von Jesus Christus und Gautama Buddha. El Morya hat gesagt, dass es für alle, die spirituell auf der Suche sind, wichtig ist, die Einheit mit Jesus anzustreben, und wir können diese Einheit über Padma Sambhava erlangen.

Der karmische Rat

Das Gesetz des Karmas ist ein universelles Gesetz, und jeder erntet zu seiner Zeit die Früchte seiner Saat, gute wie schlechte. Doch die Zyklen des Karmas können verlängert oder verkürzt werden, das Karma kann durch das Gesetz der Vergebung sogar für bestimmte Zeit ausgesetzt werden. Zu unterschiedlichen Zeiten sind Jesus und viele andere Mitglieder der Bruderschaft hervorgetreten, um sich zwischen die Menschheit und ihr wiederkehrendes Karma zu stellen. Sie haben angeboten, die Bürde zu tragen, so dass die Menschheit nicht unter dem Gewicht ihres Karmas zusammenbrechen musste.

Das Gesetz ist im Grunde unpersönlich, doch in seiner Anwendung ist es persönlich. Es gibt große Lichtwesen, die der Erde und jedem Lebensstrom Karma und Vergebung, Gnade und Rechtsprechung zuteilen. Die Verantwortlichen für diese Angelegenheiten in diesem Weltensystem sind als „Karmischer Rat" bekannt.

Alle Seelen treten vor jeder Inkarnation auf die Erde vor den Karmischen Rat, um seine Anweisung und die Zuteilung ihres Karmas für dieses Leben zu erhalten. Sie treten auch nach Abschluss eines jeden Lebens vor den Karmischen Rat, um ihre Leistungen nochmals rückblickend zu betrachten. Viele Menschen, die ein Nahtod-Erlebnis hatten, haben berichtet, dass sie vor ihrer Entscheidung, wieder zurückzukehren, solch einen Lebensrückblick durchlaufen haben.

Die Mitglieder des Karmischen Rates sind der Große Göttliche Lenker; die Göttin der Freiheit; die Aufgestiegene Meisterin Lady Nada; der Elohim Zyklopea; Pallas Athene, die Göttin der Wahrheit; Portia, die Göttin der Gerechtigkeit; Kuan Yin, die Göttin der Gnade; und Vairochana, einer der fünf Dhyani Buddhas.

Die Herren des Karmas teilen die Zyklen des individuellen Karmas, des Gruppenkarmas, des Karmas eines Landes sowie des Weltkarmas zu. Dabei versuchen sie stets, das Gesetz so anzuwenden, dass es den Menschen die beste Gelegenheit bietet, spirituelle Fortschritte zu machen. Setzen die Herren des Karmas eine Karmaspirale für den Planeten frei, so nimmt das gesamte Naturreich an deren Niederkunft teil, die immer dem Gesetz der Zyklen entspricht. Die Elementarwesen waren immer die führendsten Instrumente für die karmische Wiederkehr der Zwietracht des Menschen. Die früheste Erinnerung, die wir an dieses Phänomen haben, ist der Untergang des Kontinents Lemurien im Pazifik vor vielen Tausenden von Jahren aufgrund des Missbrauchs des heiligen Feuers durch Priester und Priesterinnen am Altar Gottes.

Zweimal im Jahr, zur Winter- und Sommersonnenwende, treffen sich die Herren des Karmas am Rückzugsort „Royal Teton", um die Anträge von noch nicht aufgestiegenen Menschen zu begutachten. Traditionellerweise schreiben Schüler von Meistern persönliche Bittschreiben an den Karmischen Rat, in welchen sie um Zuteilung von Energie, Dispens und Patenschaften für konstruktive Projekte und Bestrebungen bitten. Die Briefe werden geweiht und verbrannt. Die Engel tragen dann die ätherische Matrix dieser Briefe zum Rückzugsort „Royal Teton", wo sie von den Herren des Karmas gelesen werden.

Schüler, die um Hilfe bitten, bieten beispielsweise an, einen bestimmten Dienst oder eine bestimmte Aufgabe zu übernehmen bzw. eine Verpflichtung für bestimmte Gebete und Dekrete zu übernehmen, die die Meister als „Startkapital" für etwas einsetzen können, was sie in der Welt gern umgesetzt sehen würden. Sie bieten den Meistern vielleicht auch einen Teil ihres Kausalkörpers als Energie an, die diese nutzen können, doch ein solches Angebot muss von den Herren des Karmas gebilligt werden. Der genaue Prozentsatz wird von der ICH- BIN-Gegenwart und dem heiligen Christusselbst bestimmt.

Hiermit haben wir einen kleinen Einblick in das Wirken der spirituellen Welt gewonnen. Es gibt viele andere Aufgestiegene und Engelsscharen, Buddhas, Boddhisattvas und kosmische Wesen, die wir anrufen können und die eng mit uns zusammenarbeiten. Sie können im Buch „The Masters and Their Retreats" („Die Meister und ihre Rückzugsorte") mehr über viele von ihnen lesen.

VIII. Kapitel

Zwillingsflammen, Seelenpartner und karmische Partner

Während wir uns auf dem spirituellen Weg entwickeln, finden wir unsere Prüfungen häufig im Miteinander mit anderen Menschen. Über menschliche Beziehungen erfahren wir einige der schwierigsten Initiationen und auch einige der freudigsten Momente in unserem Leben.

Wir haben viele Gelegenheiten, um an diesen Beziehungen zu arbeiten. Durch die Jahrhunderte unserer Inkarnationen hinweg haben wir viele Rollen innegehabt: Wir waren Vater und Mutter, Ehemann und Ehefrau, Elternteil und Kind, Bruder und Schwester, Geschäftspartner, und wir hatten auch alle möglichen Zwischenformen von Beziehungen.

Von all diesen Beziehungen hat die Liebe zwischen Mann und Frau die Kulisse für einige der intensivsten und erhebendsten Erfahrungen geliefert. Die Bande der Liebe sind stark, und sie bleiben von einem Leben zum nächsten bestehen. Sie waren auch die Ursache für viel Karma und viel Herzeleid und haben oft karmische Fesseln geschmiedet, die über Jahre hinweg zwei Menschen aneinander gebunden haben.

Wenn wir diese Beziehungen meistern können, können sie eine Quelle großer Freude und großen Fortschritts auf dem spirituellen Pfad sein. Wenn wir die verschiedenen Muster dieser Beziehungen verstehen lernen – Zwillingsflammen, Seelenpartner und karmische Partner – fällt es uns leichter, das Beste aus ihnen zu machen.

Zwillingsflammen als Liebespaar

Die Suche nach Liebe und dem perfekten Lebenspartner ist in Wirklichkeit die Suche nach Ganzheit. Jeder von uns, ob aufgestiegen oder nicht, hat eine Zwillingsseele oder Zwillingsflamme, die zu Beginn mit uns erschaffen wurde. Die Zwillingsflamme ist die andere Hälfte des göttlichen Ganzen.

Vor Urzeiten standen Sie und Ihre Zwillingsflamme vor dem Vater-Mutter-Gott und erklärten sich bereit, in die Ebenen der Materie hinabzusteigen, um Gottes Liebe auf die Erde zu bringen. Der ursprüngliche Plan war, eine Reihe von Inkarnationen auf Erden zu durchleben und danach wieder mit dem Ritual des Seelenaufstiegs in das Herz Gottes zurückzukehren.

Während unseres Aufenthaltes auf der Erde fielen wir jedoch durch den Missbrauch von Gottes Licht aus dem Zustand der

Zwillingsflammen

Perfektion. Nach unserer Trennung auf der Schwingungsebene wurden wir durch das Karma der Disharmonie, der Angst und des Misstrauens auch bald körperlich von unserer Zwillingsflamme getrennt. Jede der nachfolgenden Inkarnationen in Trennung von unserer Zwillingsflamme verbrachten wir entweder damit, dass wir negatives Karma erzeugten und damit die Kluft zwischen uns noch vertieften, oder indem wir etwas von dem Karma, das der Wiedervereinigung im Weg stand, ausglichen.

Jetzt, am Ende dieses Zyklus' der Geschichte und während wir in das Wassermannzeitalter eintreten, ist es an der Zeit, dass die Menschen wieder versuchen, Kontakt mit ihren Zwillingsflammen aufzunehmen. Diese Suche wird durch unser Höheres Selbst veranlasst und wird auf der physischen Ebene manchmal missverstanden.

Oft beginnen Menschen, wenn sie erfahren, dass sie eine einzigartige Mission mit ihrer Zwillingsflamme teilen, im Physischen nach dieser einen, speziellen Seele zu suchen und nicht nach ihrer Ganzheit im Inneren. Dies ist stets ein Umweg auf dem spirituellen Pfad, denn unsere Beziehung zu Gott und zu unserem Höheren Selbst ist es, die den Schlüssel birgt, um unsere Zwillingsflamme zu finden und eins mit ihr zu werden.

Das kosmische Gesetz fordert, dass wir zunächst unsere eigene Identität in Gott definieren, bevor wir das vereinte spirituelle

Potenzial unserer Zwillingsflammen voll und ganz erschließen können. Denn bevor Zwillingsflammen nicht einen bestimmten Grad an Meisterung und Einssein mit ihrem wahren Selbst erlangt haben, sind sie häufig nicht imstande, mit der Last ihres eigenen negativen Karmas umzugehen, da dieses in der Gegenwart ihrer Zwillingsflamme verstärkt wird. Der gleiche einzigartige Faktor, der Zwillingsflammen ihre große spirituelle Kraft verleiht – die identische Blaupause ihrer Identität – kann umgekehrt auch die Verstärkung ihrer negativen Muster bewirken.

Während Zwillingsflammen auf der spirituellen Ebene mit einem ewigen Band verbunden sind, entspricht es nicht immer ihrem göttlichen Plan, dass sie körperlich in diesem Leben zusammen sind. Wenn die Zwillingsflammen-Beziehung nicht einem spirituellen Zweck dient – wenn ihre Wiederherstellung in diesem Leben bedeutet, dass Familien und Zuhause zerrissen werden müssen, wenn es im Leben der Menschen eine Katastrophe herbeiführen würde, weil sie sich in unterschiedlichen Situationen befinden, in die sie auch involviert bleiben sollen (weil sie damit altes Karma auflösen) –, dann würde der äußere Verstand oft lieber nichts mit dem zu tun haben wollen, was die Seele auf der unterbewussten Ebene weiß. Daher lässt der äußere Verstand dieses „Vorauswissen", über das eine Seele immer verfügt, nicht gern zu.

Ihre Zwillingsflamme hat womöglich schon die Befreiung ihrer Seele erreicht und sich im Ritual des Seelenaufstiegs mit Gott vereint – oder aber sie müht sich noch ab, den richtigen Weg zu finden. Wo Ihre Zwillingsflamme ist – welches ihr Bewusstseinsstand ist –, kann Ihre eigene Fähigkeit, die Ganzheit zu finden, stark beeinflussen. Da beide von Ihnen eine identische Matrix haben – wie das Muster einer Schneeflocke, die im gesamten Kosmos einzigartig ist – wird jede Energie, die Sie aussenden, mit diesem spezifischen Muster bedruckt oder geprägt. Gemäß dem Gesetz, dass Ähnliches Ähnliches anzieht, wandert die gesamte Energie, die Sie aussenden, im Kreis zu Ihrer Zwillingsflamme – und behindert diese entweder oder hilft ihr auf dem Weg zur Ganzheit.

Wenn Sie Liebe und Hoffnung aussenden, werden diese Qualitäten Ihrer Zwillingsflamme Auftrieb geben. Sind Sie jedoch mit Frustration oder Hass belastet, so wird Ihre Zwillingsflamme ihrerseits ebenfalls die Belastung durch diese disharmonischen Gefühle spüren. Manchmal sind die unerklärlichen Gefühle von Freude oder Depression die Stimmungen Ihrer anderen Hälfte, die von Ihrem eigenen Bewusstsein registriert werden.

Sie können Ihren spirituellen Fortschritt beschleunigen, wenn Sie in Ihren Gebeten, Meditationen und Dekreten Ihre ICH-BIN-Gegenwart anrufen und um den inneren Herzenskontakt zu Ihrer Zwillingsflamme bitten. Sie können folgende Anrufung machen:

„Im Namen Christi rufe ich die gesegnete
ICH-BIN-Gegenwart unserer Zwillingsflammen
an und bitte sie, um des Sieges unserer Mission
für die Menschheit willen unsere Herzen zu
versiegeln, als sei es eines. Ich rufe das Licht
des Heiligen Geistes an, auf dass es alles
negative Karma verzehren möge, das uns daran
hindert, unsere volle göttliche Identität zum
Ausdruck zu bringen und unseren göttlichen
Plan zu erfüllen."

Indem Sie dies sagen, können Sie sich, auch wenn Sie in getrennten Umfeldern leben, spirituell auf höheren Ebenen verbinden und das Licht in Ihre eigene Welt und die Welt Ihrer Zwillingsflamme lenken, um gemeinsames Karma auszugleichen. Dieser innere Kontakt vergrößert das Licht, das jeder von Ihnen in sich trägt, und setzt die faszinierende Kraft der Polarität Ihrer Liebe frei, so dass Sie angesichts der Konflikte standhalten können, die unausweichlich bei jedem anklopfen, der die Liebe verteidigt.

Der Einsatz der violetten, verwandelnden Flamme kann auch viel dazu beitragen, die Karmaschicht, die zwischen Ihnen und Ihrer Zwillingsflamme besteht, zu verzehren. Dieses Karma wartet nur darauf, von der freudigen, sprudelnden Aktivität der violetten Flamme verzehrt zu werden.

Ihre Mission, Ihre Zwillingsflamme und Ihre letztendliche Vereinigung im Herzen Gottes warten auf Sie! In Wirklichkeit sind Zwillingsflammen auf inneren Ebenen stets vereint, selbst wenn sie durch äußere Umstände getrennt sind. Ihr heiliges Christusselbst und das Ihrer Zwillingsflamme sind der Magnet, der Sie und Ihre Zwillingsflamme zueinander zieht – in dieser Welt, wenn es möglich ist, sowie in der nächsten.

Seelenpartner

Die Beziehung zwischen Seelenpartnern oder auch Seelenverwandten ist eine andere als die zwischen Zwillingsflammen. Seelenpartner kommen zusammen, weil sie eine gemeinsame Mission haben. Sie arbeiten daran, die gleiche Art von Karma zu meistern und die Energien der gleichen Chakren zu entwickeln.

Die Anziehung zwischen Seelenpartnern beruht auf der heiligen Aufgabe und auf dem Pfad der Selbstmeisterung. Ein Seelenpartner ist wie das eigene Echo in der Materie, das an derselben Aufgabe arbeitet, um eine Blaupause für Gott zu erfüllen. Die Beziehung zwischen Seelenpartnern ist normalerweise sehr gut aufeinander abgestimmt, wenn sie auch nicht die Tiefe der Beziehung zwischen Zwillingsflammen besitzt.

Maria und Josef, die Eltern Jesu, waren Seelenpartner, die die Verantwortung dafür gemeinsam getragen haben, den Christus in ihrem Sohn zu nähren. Die Zwillingsflammen beider waren in höhere Lichtreiche aufgestiegen und hielten die Balance für ihre Mission.

Eine Seelenpartner-Beziehung muss nicht zwangsläufig in eine eheliche Beziehung münden. Doch eine Ehe zwischen Seelenpartnern ist oft eine stimmige Sache. Viele Menschen, die zwar noch immer Karma auszugleichen haben, sich jedoch auf dem spirituellen Pfad befinden, fühlen sich heute zu ihren Seelenpartnern hingezogen, um ein gemeinsames Dharma oder eine heilige Aufgabe zu erfüllen.

Karmische Partner

Wir können aber auch Beziehungen zu Menschen haben, mit denen wir Karma in unseren früheren Leben geschaffen haben – sowohl gutes als auch schlechtes Karma. Manchmal ist die Wucht der ersten Begegnung umso intensiver, je schlimmer das Karma ist, denn dies ist Gott – der Gott, den wir selbst durch negative Handlungen in der Vergangenheit eingeschlossen haben –, und wir eilen herbei, um diesen zu begrüßen und ihn von unseren früheren Übertretungen seinem Wesen gegenüber zu befreien. Und wir wenden sehr viel Liebe auf, da es viel zu vergeben gibt.

Eine intensive negative Erfahrung in der Vergangenheit – wie etwa Gewalt, leidenschaftlicher Hass, Mord, Vernachlässigung der eigenen Kinder, der eigenen Familie, etwas, in das sie mit einem anderen Menschen verwickelt waren, das ein Ungleichgewicht sowohl in dessen als auch in Ihrer eigenen Seele verursacht hat, vielleicht auch im Leben vieler Menschen – wird als Last auf dem Herzen erfahren, die auf der Seelenebene noch nicht aufgelöst ist. Dies ist ein Zustand, der sehr an uns nagt und unser Bewusstsein trübt, bis er durch Liebe erlöst wird.

In einer karmischen Beziehung fühlen sich zwei Personen zueinander hingezogen, damit sie gemeinsames Karma ausgleichen können. Münden diese Beziehungen in eine Ehe, so kann diese schwierig sein. Sie spielt jedoch eine wichtige Rolle für die Erlangung der Meisterschaft auf dem spirituellen Pfad. Das Ehepaar kann unter Umständen das gemeinsame Karma ausgleichen und auf dem Pfad große Fortschritte machen. Womöglich erwerben sie auch gutes Karma aufgrund eines gemeinsamen Dienstes am Leben oder indem sie ihre Kinder fördern und nähren. Manche dieser Ehen bieten eventuell auch die Gelegenheit, schwere Verbrechen wie Mord, Verrat oder extremen Hass auszugleichen. Sehr oft besteht die einzige Möglichkeit, die Aufzeichnungen von solch intensivem Hass zu überwinden, darin, dass in der ehelichen Mann-Frau-Beziehung intensive Liebe zum Ausdruck gebracht wird.

Nicht alle karmischen Beziehungen enden in einer Ehe. Geschäftsbeziehungen, Familienbeziehungen und andere karmische Verbindungen ermöglichen es uns ebenfalls, den Menschen zu begegnen, mit welchen wir Karma haben, das der Auflösung bedarf. Der Einsatz der violetten Flamme kann den Ausgleich von Karma ermöglichen, ohne dass man eine Ehe eingehen muss. Ist eine Ehe jedoch erforderlich, so kann die violette Flamme den Weg ebnen und die Schlaglöcher auf der Piste des Lebens ausgleichen.

Ihre Seele weiß, warum Sie inkarniert sind. Ihnen wurde von Ihrem spirituellen Lehrer und Ihrem Christusselbst gesagt: „Da ist diese Situation mit diesem Menschen, die einer Auflösung bedarf." Auf der inneren Ebene ist sich die Seele, die auf dem Weg nach Hause ist (zum Vater-Mutter-Gott), dessen absolut bewusst, und sie möchte die Fehler der Vergangenheit gern wiedergutmachen – denn sie weiß, dass der einzige Weg zurück in das himmlische Reich, von dem aus wir gestartet sind, darin besteht, die Fehler des unwissenden und irrtümlichen Säens in vergangenen Leben zu korrigieren. Daher sehnen wir uns nach Ganzheit. Wir suchen nach demjenigen, den wir treffen müssen, um unseren Heimweg finden zu können.

Ganz gleich, wie eine Situation auch sei, wir können den Menschen, denen wir begegnen, Liebe und Unterstützung, Dienst und Hilfsbereitschaft schenken. Indem wir dies tun und dabei die violette Flamme großzügig einsetzen, können wir unser Karma ausgleichen, ganz gleich, woher es kommt, und unseren Fortschritt auf dem spirituellen Pfad enorm beschleunigen.

Die eheliche Vereinigung

Gott hat die menschliche Institution der Ehe als eine Gelegenheit für zwei Menschen gesegnet, Ganzheit zu entwickeln. Sei es bei der Vereinigung von Zwillingsflammen, von Seelenpartnern oder karmischen Partnern, die Ehe von Mann und Frau erfolgt stets im Gedenken an die Vereinigung der Seele mit der geliebten ICH-BIN-Gegenwart durch den Christus, den gesegneten Vermittler.

Der Austausch göttlicher Liebe in einer ehelichen Beziehung sollte die gleiche Qualität haben wie die kreative Liebe Gottes des Vaters und Gottes der Mutter, die zu Beginn das Universum gestaltete. Dieser kreative Strom kann nicht nur in der körperlichen Vereinigung Ausdruck finden, sondern auch in Phasen bewusster Enthaltsamkeit, in denen jeder Partner in sich geht und mit seiner ICH BIN-Gegenwart Zwiesprache hält.

Der Austausch der heiligen Energien bei der sexuellen Vereinigung geschieht zur Übertragung von Sphären kosmischen Bewusstseins – ein Austausch des Lichtes der Kausalkörper. Die Lichtenergie, die bei dieser Verschmelzung entsteht, verstärkt die positiven Qualitäten eines jeden Partners und stärkt die göttliche Identität beider, wodurch es ihnen möglich ist, ihr gemeinsames Karma zu tragen. Wird die Vereinigung der Liebe Gottes geweiht, so erzeugt die harmonische Vermischung der reinen Vater- und Mutterenergien den Sohn, das Christusbewusstsein – sei es in Gestalt eines Kindes, einer Inspiration, eines erfolgreichen Projektes oder eines Kunstwerkes.

Wird dieser Austausch nicht durch die Anerkennung, dass Gott sowohl der Liebende als auch der Geliebte ist, auf eine spirituelle Ebene angehoben, so mögen die beiden Betreffenden zwar körperliches Vergnügen erleben, unbewusst übernehmen sie jedoch auch gegenseitig die karmischen Muster des anderen, ohne von einer spirituell verwandelnden Liebe zu profitieren. Dies mag eine Erklärung für die häufigen Identitätskrisen sein, die Menschen erleiden, die immer wieder intime Gelegenheitsbeziehungen haben – sie nehmen so viele karmische Identitäten an, dass sie ihre eigene wirksam neutralisieren und nicht mehr wissen, wer sie wirklich sind.

Beziehungen im Wassermannzeitalter

Es gibt keine Beziehung – sei es mit Freunden, zwischen Mann und Frau, zu unseren Kindern, Geschwistern, Verwandten, Geschäftsbeziehungen und Beziehungen zu Kollegen –, die, wenn sie anhalten sollen, nicht auch persönlichen Einsatz erfordern würden. Wir alle müssen etwas von uns selbst geben, um eine harmonische, lang andauernde Beziehung zu anderen Menschen aufrechtzuerhalten.

Bei der Beschleunigung unserer Seele im Wassermannzeitalter schließen wir unser Karma mit einer Reihe von Menschen in diesem Zyklus der Geschichte ab. Karmische Ehen und andere Lebensumstände mögen kommen und gehen – und sie haben alle einen Sinn. Es ist auch durchaus möglich, dass wir mehr als nur eine solche Beziehung erleben.

Die Meister lehnen eine Scheidung nicht ab, wenn die Disharmonie so groß ist, dass mehr Karma angehäuft wird, wenn zwei Menschen zusammen sind, als wenn sie getrennt sind, oder wenn das Karma der Beziehung ausgeglichen ist, und die Partner nun in Freiheit getrennte Wege gehen. Doch solange das Karma bestehen bleibt (solange es keine Alternativen gibt, um es abzuarbeiten), sollten diese Beziehungen bindend bleiben.

Während wir uns inmitten einer solchen Beziehung befinden, können wir diese Ehe zu einer Feier unserer inneren Vereinigung

153

mit unserer Zwillingsflamme auf Erden machen. Dies ist rechtmäßig. Was *nicht* rechtmäßig ist, ist, wenn man eine solche
Beziehung halbherzig oder vielleicht sogar missmutig betreibt
und nicht sein Bestes gibt und nicht von Herzen die glühendste
Liebe schenkt. Wenn Sie sich sagen: „Nun, dieser Mensch ist
nicht meine Zwillingsflamme, und dies sind nur karmische Umstände, also werde ich mich auch nur scheinbar bemühen und
den rechten Augenblick abwarten, bis mir das Richtige über
den Weg läuft", ist dies eine sehr gute Art und Weise, wie Sie
die Auflösung Ihres Karmas in die Länge ziehen und mehr
Karma anhäufen können.

Wichtig ist, dass wir das Leben mit dem Verständnis betrachten,
dass jeder, mit dem wir zu tun haben, Gott *ist*. Die Person ist
Gott – in Manifestation. Die göttliche Flamme ist Gott. Das
Potenzial ist Gott. Und wir müssen diese Person mit ganzem
Herzen lieben, mit der reinsten und höchsten Liebe, die wir
auch für Gott und unsere Zwillingsflamme hegen. Diese Liebe
ist befreiend. Sie ist eine verwandelnde Kraft.

In Beziehungen ist auch Vergebung notwendig. Wir müssen anderen und uns selbst großzügig vergeben, weil dies der Dreh-
und Angelpunkt des Karmas ist. Wir alle haben viel zu vergeben
sowie vieles, was vergeben werden muss, oder wir würden uns
nicht auf diesem Planeten und an diesem Punkt in Raum und
Zeit befinden.

Daher ist es einerlei, ob Sie mit Ihrer Zwillingsflamme ver-
heiratet oder Ihr schon begegnet sind. Entscheidend ist, dass
Sie die Heiligkeit der Ehe und der Beziehung zwischen Mann
und Frau erkennen und verstehen, dass diese Polarität stets stell-
vertretend für den Vater-Mutter-Gott ist.

IX. Kapitel

DER SIEGESPLAN

Der Siegesplan für die Kinder Gottes wurde im Leben Jesu und in dem vieler anderer Avatare, die von Gott gesandt wurden, erhaben definiert. Sie sind Vorbilder, die Generationen den Weg zur Freiheit weisen, die ihren Kontakt nicht nur zu Gott, sondern auch zu den himmlischen Heerscharen und den Elementarwesen verloren haben. Der Seelenaufstieg und die Überwindung jeder bindenden Fessel, die dem Aufstieg vorausgehen muss, ist das Geburtsrecht und der Höhepunkt im Leben aller.

Erlangt ein Sohn – oder eine Tochter – Gottes durch den Dienst am Leben die Meisterschaft über die äußeren Umstände, gleicht dieser 51 Prozent seines Karmas aus, und erfüllt er die göttliche Mission, die den einzigartigen Plan seines Lebens darstellt, so mag er dann zum Thron der Gnade zurückkehren und im Ritual des Seelenaufstiegs zur Perfektion geführt werden. Ist er einmal aufgestiegen, so ist er als Aufgestiegener Meister bekannt.

Hier beginnt das wahre Leben, und der Mensch ist zum Priester des heiligen Feuers im ewigen, alles umfassenden Dienst an seinem Gott berufen.

Das gesamte Leben (folglich alles Göttliche) ist im Seelenaufstieg begriffen, wenn es dem göttlich-natürlichen Prozess der spirituellen Entwicklung folgt. Folglich finden Engel, Elementarwesen und Menschen über den Seelenaufstieg ihren Weg zurück ins Herz Gottes.

Wir werden vom gesamten Himmel aus vielen Gründen dazu gedrängt, unsere persönliche Christusschaft zu zuzstreben.

Jesus erklärte seinen Jüngern, dass es ihnen nicht schaden würde, wenn sie etwas Tödliches trinken würden.[52] So verhält es sich bei den Heiligen. Sie können alles, was in ihren Körper und in den Körper des Planeten kommt, umwandeln.

Mit Gott ist alles möglich. Würden genügend spirituell eingeweihte Menschen in einer Stadt oder einem Haus wohnen, so könnte diesem Haus oder dieser Stadt eine spirituelle Schutzglocke übergestülpt werden, durch die nichts dringen kann.

Vielleicht blieb deshalb die St. Pauls Kapelle, die nur einen Häuserblock vom World Trade Center entfernt ist, von den Auswirkungen des New Yorker Terrorangriffs vom 11. September 2001 verschont. Diese faszinierende Geschichte wurde im „Boston Globe" veröffentlicht:

„Die St. Pauls Kapelle ist das älteste öffentliche Gebäude in Manhattan. Sie enthält das älteste bekannte Ölgemälde, auf dem das große Siegel der Vereinten Staaten abgebildet ist, sowie die Denkmäler und Grabsteine einiger der frühesten Helden des Landes. George Washington besuchte diese Kapelle 1789 nach seiner Amtseinführung in der nahe gelegenen Bundeshalle. Als Bischof Lyndon Harris am frühen Morgen des 12. Septembers von der

Polizei nach St. Pauls begleitet wurde, konnte er seinen Augen kaum trauen. Obgleich die Gebäude ringsherum alle zerstört waren und die Kapelle von Stahltrümmern und Schutt umgeben war, war St. Pauls irgendwie unberührt geblieben - nicht einmal eine Fensterscheibe war zertrümmert worden. Bischof Harris sagte: 'Es lässt sich nur schwer leugnen, dass es sich um ein Wunder handelt - die Frucht göttlichen Eingreifens. Ich denke, sie steht da wie ein Leuchtfeuer der Hoffnung und eine Metapher für das Gute, das angesichts des Bösen standhaft bleibt.'"

Die Kirchenbänke der Kapelle wurden schnell zu Betten für Polizisten, Feuerwehrmänner und Soldaten, die zwischen ihren Arbeitsschichten eine Pause einlegten. Hunderte von Rettungsarbeitern wurden in der Kapelle gespeist, und sie diente auch als Vorratslager. Der Polizeibeamte David Capellini sagte: „Es ist faszinierend, wie friedlich dieser Ort sein kann, angesichts dessen, was ringsherum alles vor sich geht."

Zweifellos nahmen sich viele die Zeit zu einem Gebet und um die Worte des Gebets eines Soldaten vor langer Zeit zu lesen. In Bronze geätzt stehen an der Wand die Worte des „Gesalbten" George Washington: „Allmächtiger Gott, wir beten ernstlich zu dir, auf dass du die Vereinten Staaten in deinem heiligen Schutz bewahren mögest."[53]

Sich Gott anschließen

Wenn wir nicht tagtäglich und zu jeder Stunde über den Heiligen Geist mit Gott in Verbindung stehen, werden wir es schwer haben, den Kräften der Finsternis auf dem Planeten standzuhalten, geschweige denn, die vielen Probleme zu lösen, mit denen die Nationen in diesen unruhigen Zeiten konfrontiert sind. Es ist ohne Bedeutung, wenn Sie in Ihrer Selbstmeisterung nicht perfekt, trainiert oder fortgeschritten sind. Gott ist die Allheit von Ihnen und in Ihnen. Wenn Sie beschließen, ihm Ihr Leben, Ihren Körpertempel, zu übergeben, so kann er durch Sie wirken, und seine Engel können bei Ihnen sein. Die Zeiten, in denen wir heute leben, erfordern Zielstrebigkeit. Dies ist für uns alle der Zeitpunkt, mit Gott und unserem Höheren Selbst in Verbindung zu treten.

Wenn Gott seinen Mantel über Sie ausbreitet, wenn Ihr Höheres Selbst, Ihre ICH BIN-Gegenwart, auf Sie herabkommt, dann können Sie die Vollmacht Gottes erhalten, Mächte des Bösen herauszufordern – wobei Sie bei den Mächten beginnen, denen Sie es zugestanden haben, in Ihnen zu wohnen, und dann zu den Mächten übergehen, die Menschen in Ihrem nächsten Umfeld ausbeuten. Sie können Ihren Lieben beistehen und sie mit Kraft stärken, da Sie täglich im Gebet, in der Liebe und im Dienst mit Ihrem Gott im Dialog stehen. Wo auch immer Sie leben, in welcher Stadt, in welchem Staat oder in welcher Nation, sind Sie eine Feuersäule.

Sie können die Flamme in Ihrer Stadt hüten! Sie können diese Kerze am Brennen erhalten! Wie der Meister vor langer Zeit sagte: „Ihr seid das Licht der Welt. Es kann die Stadt, die auf einem Berge liegt, nicht verborgen sein."[54]

X. KAPITEL

ÜBER ELIZABETH CLARE PROPHET

Lehrerin, Autorin, Sendbotin und Prophetin - Elizabeth Clare Prophets einzigartige Rolle erstreckt sich weit über die normalen Grenzen der Lehrer-Schüler-Beziehung hinaus. Mit ihrem verstorbenen Ehemann Mark, heute der Aufgestiegene Meister Lanello, gründete sie das „Summit Lighthouse", eine weltweite Bewegung der Aufgestiegenen Meister, um ihre Lehren zu verbreiten sowie um zur Verbesserung und Erleuchtung der Menschheit beizutragen.

In ihrer Rolle als Sendbotin hat sie von den Aufgestiegenen Meistern Tausende von Botschaften empfangen.

Botschaften aus dem Himmelreich

Elizabeth Clare Prophet beschrieb den Prozess, durch den sie Botschaften von Gott, den Meistern und Engeln erhielt:

„Ich empfange diese Prophezeiung durch die Kraft des Heiligen Geistes nach Art der alten Propheten und Apostel. Wenn die Übermittlung kurz bevorsteht, trete ich in einen meditativen Zustand ein und stehe in Resonanz mit Gott dem Herrn oder seinem Stellvertreter. Die Gegenwart des Herrn oder die eines Aufgestiegenen Meisters, eines kosmischen Wesens oder eines Erzengels kommt auf mich herunter, und die Worte und das Licht fließen in einer Kraft und Persönlichkeit, die nicht meine eigenen sind.

Diese Übereinstimmung meiner Seele mit dem lebendigen Wort Gottes nenne ich ‚Diktat‘, denn die Worte werden mir diktiert, während ich sie in der Schwingung des göttlichen Sprechers ausspreche. Es ist wahrhaftig ein göttliches Geschehen, und ich bin nur ein Instrument davon. Es ist ein Geschenk des Heiligen Geistes und nichts, was ich bewusst herbeiführen kann (...) Die einzige Art und Weise, dieses Erlebnis zu beschreiben, ist mit den Worten des Propheten: ‚Der Geist Gottes, des Herrn, ist über mich gekommen.‘ “

Die Diktate werden auf Video- und Audiogeräte aufgenommen und als „Perlen der Weisheit“ in gedruckter Form herausgegeben. Ein Diktat enthält das Licht und die Energie des Meisters. Die Spirale des Lichts in den Worten ist zur Beschleunigung Ihrer Entwicklung und für Ihre spirituelle Initiation gedacht. Die Lehre kann, wenn Sie sie anwenden, Ihr Bewusstsein, Ihr Dasein und die Welt verändern.

Ein Guru* für die Schüler der Meister

In unserer heutigen Zeit haben wir dank der Robe der Sendboten erneut die Gelegenheit, eine Guru-Chela-Beziehung mit den Aufgestiegenen Meistern aufzubauen. Diese gesegnete Art der Beziehung geht über die Grenzen dieser Oktave hinaus. Es ist ein Band von Herz zu Herz, geschmiedet durch die Liebe des Gurus zum Chela, erwidert mit der Liebe und dem Vertrauen des Schülers zu seinem Lehrer.

Die Liebe des Gurus und des Chelas ist eine Liebe, die über das Fassungsvermögen unseres äußeren Bewusstseins hinausgeht. In unserer ursprünglichen Beziehung zu Gott kannten wir alle die Zartheit dieser Liebe, und dennoch ließen wir irgendwo auf dem Weg der Existenz die wertvolle Beziehung zwischen Guru und Chela in den unermesslichen Weiten von Raum und Zeit fallen.

Die Liebe in der Guru-Chela-Beziehung versteht man in dieser Welt nicht. In der Tat wird ihr oft großer Widerstand entgegengebracht. Die hinduistische Wurzel des Wortes „chela" bedeutet „Sklave", und diejenigen, die die Guru-Chela-Beziehung angreifen, führen dies immer wieder sehr gern an; sie weisen damit auf die falschen Gurus hin, die ihre Chelas wahrhaftig versklaven, ohne jegliche Liebe.

---

* Das Wort „Guru" bedeutet in Sanskrit „Lehrer", im Buddhismus ist es dasselbe wie „Lama" (tibetisch). Es ist gleichbedeutend mit „spiritueller Lehrer".

Doch es zeugt von wahrhaft erleuchtetem Eigeninteresse, wenn man der Diener, der Chela, des wahren Meisters wird. Wenn wir dem Meister dienen, der aufgestiegen ist, legen wir Tag für Tag seine Robe an, seine Christusschaft. Wir haben gesagt: „Oh Meister, ich möchte dir dabei behilflich sein, dein Karma zu erfüllen", oder: „Ich möchte dir helfen, dein Dharma zu erfüllen, d.h. deine Mission und deine Pflicht auf dem Planeten." Und der Meister ist dankbar, da er Hände und Füße auf Erden braucht. Beschließt also der Meister, dass Sie jemand sind, mit dem er eine vertrauensvolle Beziehung eingehen kann, werden die Bande geknüpft, und das Licht des Meisters fließt zu seinem Diener.

Die Robe des Gurus

Elizabeth Clare Prophet erklärt, was es bedeutet, die Robe des Gurus zu tragen:

„Ein Guru ist ein spiritueller Lehrer, der Ihnen nicht nur den spirituellen Pfad weist, sondern Ihnen auch in beispielhafter Weise vorlebt, wie Sie diesen Pfad beschreiten müssen. Indem ich diese Robe des Gurus trage, bin ich die Dienerin des Lichtes Gottes in Ihnen, die Verfechterin Ihrer Seele. Ich bin hier, um Ihnen auf Ihrem spirituellen Weg zu helfen und um Sie zu unterstützen. Ich bin hier, um Ihnen zu helfen, Ihren Weg zurück zu Gott zu finden. Es gibt keine größere Liebe als die Liebe, die zwischen einem Guru und seinem Chela ausgetauscht wird. Sie schenken einander ihr Leben in einem heiligen Bündnis.

Nehmen wir das Beispiel von Elia und Elisa im Alten Testament; es ist eines meiner Lieblingsbeispiele für die Guru-Chela-Beziehung:

„Gott befahl dem Propheten Elia, Elisa zu suchen und ihn zu seinem Nachfolger zu salben. Elisa pflügte mit zwölf Ochsen, als Elia vorüberkam und seinen Mantel über ihn warf. Elisa gab seine frühere Lebensweise auf und diente dem Propheten.

Jahre später, als Elisa wusste, dass der Herr ihm den Meister nehmen würde, bat er darum, den doppelten Anteil von Elias Geist empfangen zu dürfen. Der Prophet erklärte Elisa, dass er, wenn er Elia sehen würde, wie er hinweggenommen werde, in der Tat den doppelten Anteil erhalten solle.

Als die beiden nebeneinander hergingen und sich unterhielten, fuhr ein Wagen mit Feuerpferden zwischen sie, und Elia fuhr mit einem Wirbelwind in den Himmel auf. Elisa zerriss seine Kleider in zwei Hälften und hob die Robe von Elia auf, die dem Meister entfallen war. Gestärkt durch die Kraft des Heiligen Geistes schlug Elisa mit Elias Mantel auf das Wasser des Jordan. Das Wasser teilte sich, und Elisa schritt hindurch.

Über Tausende von Jahren hinweg haben die großen spirituellen Lehrer der Menschheit ihre Robe und ihre Lehren an verdiente Schüler weitergegeben. Um jeden nachfolgenden Lehrer versammelten sich wieder Schüler, die sich hingebungsvoll dem Studium dieser Lehren widmeten und dann wiederum ihrerseits das wandelnde Vorbild für diese Lehre wurden. Manchmal wurden diese Lehren niedergeschrieben. Manchmal wurden sie auch nur in einer ununterbrochenen Kette von Lehrer zu Schüler weitergegeben.

Mit der Übertragung der Robe vom Meister auf den Schüler geht die Übertragung der Verantwortung einher: Der Schüler gelobt, die Mission seines Meisters weiterzutragen. Damit die Arbeit der Großen Weißen Bruderschaft auf Erden weitergeht, muss jemand die Robe des Meisters tragen, der derzeit inkarniert ist.

Heute gibt es nur noch sehr wenige wahre inkarnierte Meister, die von der Großen Weißen Bruderschaft gefördert werden. Die Linie der Gurus, die mich gefördert hat und deren Lehren ich gelobt habe zu lehren und aufrechtzuerhalten, ist eine besondere Linie in der Großen Weißen Bruderschaft. Die Kette der Hierarchie dieser Linie verläuft von Sanat Kumara über Gautama Buddha, Lord Maitreya, Jesus Christus bis zu Padma Sambhava.

Heute bieten die Aufgestiegenen Meister einen Pfad und eine Lehre an, bei der jedes Individuum auf Erden seine ganz persönliche Beziehung zu Gott entwickeln kann. Ich behaupte nicht, Meisterin zu sein, sondern ich bin lediglich das Instrument der Aufgestiegenen Meister. Auch behaupte ich nicht, in meinem menschlichen Selbst perfekt zu sein.

Ich bin die Dienerin des Lichts in allen Menschen. Meine Bücher und Lehren sollen den Menschen die Gelegenheit geben, die Wahrheit zu erfahren, die sie befreien kann. Mein Ziel ist es, wahre Suchende so weit zu führen, wie sie gehen können und müssen, damit sie ihren wahren Lehrern von Angesicht zu Angesicht begegnen."

EINE LICHTKAPSEL
MIT ZEITZÜNDUNG

„Wir betreiben mit diesen Sendboten eine Mission, die sich über 25 Jahre und länger erstreckt. Ich könnte euch nicht alles in einem einzigen Diktat übermitteln, aber ich kann es in eine Kapsel stecken - in eine Lichtkapsel mit allmählicher, abgestufter Entladung sozusagen. Dies ist jedoch die Freisetzung ewiger Zyklen, und sie wird durch die Flamme in euer Herz kommen. Meine Flamme wird es euch gemeinsam mit eurer eigenen dreifältigen Flamme, die gerade transformiert wird, erlauben, im Ebenbild Gottes zu erwachen."

Saint Germain[55]

Mantren
und Dekrete

VIOLETTE-FLAMME-UND-LICHTSÄULE-DEKRET
VOM AUFGESTIEGENEN MEISTER SAINT GERMAIN

Oh, du meine beständige, liebende ICH BIN-
Gegenwart, du Licht Gottes über mir, dessen
Strahlen vor mir einen Feuerkreis bilden, um
mir den Weg zu erhellen.

Ich rufe dich treu ergeben an, von meiner
eigenen, mächtigen ICH-BIN-Gottesgegenwart
eine große Lichtsäule jetzt und heute ganz um
mich herum zu errichten! Halte sie in jedem
Moment, der verstreicht, intakt, und manifestiere
so eine schillernde Dusche aus Gottes schönem
Licht, das von nichts Menschlichem jemals durchdrungen werden kann. Lenke in diesen schönen
elektrischen Kreis göttlich geladener Energie ein
schnelles, machtvolles Emporlodern des violetten

Feuers der vergebenden, verwandelnden Flamme
der Freiheit!
Gib', dass die sich immer weiter ausbreitende
Energie dieser Flamme, die in das Kraftfeld meiner
menschlichen Energien hinunterprojiziert wurde,
alle negativen Umstände voll und ganz in die
positive Polarität meines eigenen, großen Gottes-
selbst verwandelt! Lass' die Magie ihrer Gnade
meine Welt so mit Licht reinigen, dass alle, mit
denen ich in Kontakt komme, stets mit dem Duft
der Veilchen aus Gottes eigenem Herzen gesegnet
sein mögen – in Erinnerung an den gesegneten
herannahenden Tag, an dem alle Zwietracht in
der Ursache und Wirkung, Aufzeichnung und
Erinnerung auf ewig in den Sieg des Lichts und
den Frieden des aufgestiegenen Jesus Christus
verwandelt sein wird.
Ich akzeptiere nun beständig die volle Kraft und
Offenbarung dieses Fiats des Lichts und rufe es
sofort in die Tat, aus meinem eigenen gottgegebenen freien Willen und mit der gottgegebenen
Macht, diese heilige Hilfesendung von Gottes
eigenem Herzen unbegrenzt zu beschleunigen,
bis alle Menschen aufgestiegen und frei sind in
Gott und dem Licht, das niemals, niemals, niemals
versiegt.

◆ ◆ ◆

ERZENGEL MICHAEL, SCHNEIDE MICH FREI!

Im Namen der geliebten, mächtigen, siegreichen Gegenwart Gottes, des ICH BIN in mir, meines ureigenen geliebten heiligen Christusselbst, des heiligen Christusselbst aller Menschen, des geliebten Erzengel Michaels, des geliebten Lanellos, des ganzen Geistes der Großen Weißen Bruderschaft und der Weltenmutter sowie der Elementarwelt – Feuer, Luft, Wasser und Erde – spreche ich folgendes Dekret:

1) Erzengel Michael, Erzengel Michael, ich rufe zu dir – schwinge dein Schwert aus blauer Flamme, und schneide mich nun frei!

Refrain:
Lass lodern Gottes Stärke und Schutz nun in meine Welt, dein Banner des Glaubens lass wehen über mir! Blauer erhabener Blitz, durchzucke nun meine Seele. ICH BIN durch Gottes Gnade wiederhergestellt und strahlend!

2) Erzengel Michael, Erzengel Michael, ich liebe dich, wirklich: Dein Glaube, so groß, durchdringe mein Wesen!

(Refrain)

3) Erzengel Michael, Erzengel Michael und die blauen Legionen: Kommt, versiegelt mich, nun haltet mich treu und aufrichtig!

(Refrain)

Schlussvers:
ICH BIN mit deiner blauen Flamme nun ganz aufgeladen und gesegnet. ICH BIN nun in Michaels Rüstung der blauen Flamme gekleidet.
(3x)

Und in vollem Glauben akzeptiere ich ganz bewusst, dass sich dies genau hier und jetzt in voller Kraft manifestiert, manifestiert, manifestiert (3x), dass es ewiglich erhalten wird, allmächtig aktiv ist, sich ständig ausdehnt und alle Welten umfasst, bis alle vollkommen ins Licht aufgestiegen und frei sind! Geliebter ICH BIN! Geliebter ICH BIN! Geliebter ICH BIN!

LORD MICHAEL, CUT ME FREE!

1) Lord Michael, Lord Michael,
I call unto thee –
Wield thy sword of blue flame
And now cut me free!

Refrain:

Blaze God-power, protection
Now into my world,
Thy banner of faith
Above me unfurl!
Transcendent blue lightning
Now flash through my soul,
I AM by God's mercy
Made radiant and whole!

2) Lord Michael, Lord Michael,
I love thee, I do –
With all thy great faith
My being imbue!

3) Lord Michael, Lord Michael,
And legions of blue –
Come seal me, now keep me
Faithful and true!

Coda:
I AM with thy blue flame
Now full–charged and blest,
I AM now in Michael's
Blue–flame armor dressed! (3x)

❖   ❖   ❖

MEHR VIOLETTES FEUER

VON HILARION

Geliebte ICH BIN-Gottesgegenwart in mir,
höre mein Dekret zu dir:
Bring' den Segen, um den ich bitte,
zu jedem heiligen Christusselbst!
Lass' der Freiheit violettes Feuer wallen
um den Globus zur Heilung von uns allen.
Durchtränke die Erde und auch ihre Bewohner
mit starker durchflutender Christusstrahlung!

ICH BIN diese Aktivität von Gott hoch droben,
gestärkt von des Himmels liebender Hand,
verwandle die Wurzeln der Zwietracht hier,
und entferne sie, so dass sich niemand mehr
fürchtet.

ICH BIN, ICH BIN, ICH BIN
die volle Kraft der Freiheitsliebe,
alles auf Erden in den Himmel hebend.
Das violette Feuer ist nun hell entfacht,
in lebendiger Schönheit ist es Gottes Allmacht.

Es befreit auf Dauer und auch jetzt
schon sowie in völliger Perfektion
der Aufgestiegenen Meister
die Welt, mich und alles Leben.
Allmächtiger ICH BIN!
Allmächtiger ICH BIN!
Allmächtiger ICH BIN!

MORE VIOLET FIRE

Lovely God Presence, I AM in me,
Hear me now I do decree:
Bring to pass each blessing for which I call
Upon the Holy Christ Self of each and all.

Let violet fire of freedom roll
Round the world to make all whole;
Saturate the earth and its people, too,
With increasing Christ-radiance shining through.

I AM this action from God above,
Sustained by the hand of heaven's love,
Transmuting the cause of discord here,
Removing the cores so that none do fear.

I AM, I AM, I AM
The full power of freedom's love
Rising all earth to heaven above.
Violet fire now blazing bright,
In living beauty is God's own light

Which right now and forever
Sets the world, myself, and all life
Eternally free in ascended master perfection.
Almighty I AM!
Almighty I AM!
Almighty I AM!

◆　◆　◆

DEKRET FÜR DAS HEILIGE LICHT DER FREIHEIT
VON SAINT GERMAIN

Mächtiges kosmisches Licht!
Meine eigene strahlende ICH BIN-Gegenwart,
verkünde die Freiheit überall –
ordnungsgemäß und durch Gottes Kontrolle.
ICH BIN es, der alles ganz macht!

Mächtiges, kosmisches Licht!
Halte die gesetzlosen Horden der Finsternis auf,
verkünde die Freiheit überall –
in Gerechtigkeit und in treuem Dienst.
ICH BIN es, Gott, der zu dir kommt!

Mächtiges, kosmisches Licht!
ICH BIN die vorherrschende Macht des Gesetzes,
verkünde die Freiheit überall –
indem ich den guten Willen verstärke.
ICH BIN es, der die Freiheit immer noch lebt!
Mächtiges, kosmisches Licht!
Bringe nun alle Dinge in Ordnung,
verkünde die Freiheit überall –
im Sieg der Liebe soll alles gehen.
ICH BIN die Weisheit, die alle erkennen werden!

ICH BIN das heilige Licht der Freiheit,
das niemals verzweifelt!
ICH BIN das heilige Licht der Freiheit,
das immer alle Anteil haben lässt,
Freiheit, Freiheit, Freiheit!

Verbreite dich, verbreite dich, verbreite dich!
ICH BIN, ICH BIN, ICH BIN
ICH BIN Freiheit in alle Ewigkeit!

DECREE FOR FREEDOM'S HOLY LIGHT

Mighty Cosmic Light!
My own I AM Presence bright,
Proclaim freedom everywhere –
In order and by God control
I AM making all things whole!

Mighty Cosmic Light!
Stop the lawless hordes of night,
Proclaim freedom everywhere –
In justice and in service true
I AM coming, God, to you!
My Cosmic Light!
I AM Law's prevailing might,
Proclaim freedom everywhere –
In magnifying all goodwill
I AM freedom living still!

Mighty Cosmic Light!
Now make all things right,
Proclaim freedom everywhere –
In love's victory all shall go,
I AM the wisdom all shall know!
I AM freedom's holy light,

Nevermore despairing!
I AM freedom's holy light
Evermore I'm sharing!
Freedom, freedom, freedom!
Expand, expand, expand!
I AM, I AM, I AM
Forevermore I AM freedom!

◆ ◆ ◆

ICH BIN DIE VIOLETTE FLAMME

ICH BIN die violette Flamme,
die jetzt in mir brennt.
ICH BIN die violette Flamme
und beuge mich nur dem Licht.
ICH BIN die violette Flamme
in all ihrer kosmischen Kraft.
ICH BIN das Licht Gottes,
das ständig scheint.
ICH BIN die violette Flamme,
die glüht wie eine Sonne.
ICH BIN Gottes heilige Kraft,
die jeden befreit.

I AM THE VIOLET FLAME

I AM the violet flame
In action in me now
I AM the violet flame

To light alone I bow
I AM the violet flame
In mighty cosmic power
I AM the light of God
Shining every hour
I AM the violet flame
Blazing like a sun
I AM God's sacred power
Freeing every one.

◆ ◆ ◆

DAS GESETZ DER VERGEBUNG

Geliebte, mächtige, sieghafte Gegenwart Gottes,
ICH BIN in mir, geliebtes heiliges Christusselbst,
geliebter himmlischer Vater, geliebter großer
Karmischer Rat, geliebte Kuan Yin, Göttin der
Gnade, geliebter Lanello, geliebter gesamter Geist
der Großen Weißen Bruderschaft, geliebte Welten-
mutter und geliebte Elementarwesen – Feuer, Luft,
Wasser und Erde!
Im Namen und bei der Kraft der Gegenwart
Gottes, die ICH BIN, und bei der magnetischen
Kraft des heiligen Feuers, das auf mich übertragen
wurde, rufe ich das Gesetz der Vergebung und die
violette, verwandelnde Flamme für jede Über-
schreitung deines Gesetzes, für jede Abweichung
von deinen heiligen Bündnissen an.
Stelle in mir den Christusgeist wieder her, vergib'

mir meine Missetaten und ungerechten Hand-
lungsweisen, gib', dass ich deinen Geboten
gegenüber gehorsam bin, lass' mich
mit dir demütig wandeln in all meinen Tagen.
Im Namen des Vaters, der Mutter, des Sohnes und
des Heiligen Geistes spreche ich dieses Dekret für
alle, denen ich jemals Unrecht getan habe, sowie
für alle, die mir jemals Unrecht getan haben:

Violettes Feuer*, umhülle uns! (3x)
Violettes Feuer, halte uns! (3x)
Violettes Feuer, befreie uns! (3x)

ICH BIN, ICH BIN, ICH BIN von einer
Säule der violetten Flamme* umgeben,
ICH BIN, ICH BIN, ICH BIN am Überfließen vor
reiner Liebe zu Gottes großem Namen,
ICH BIN, ICH BIN, ICH BIN durch dein so
leuchtendes Muster der Perfektion vollkommen,
ICH BIN, ICH BIN, ICH BIN Gottes strahlende
Flamme der Liebe, die sanft durch die Luft fällt.
Falle auf uns! (3x)
Lodere durch uns! (3x)
Durchtränke uns! (3x)

Und in vollem Glauben akzeptiere ich ganz
bewusst, dass sich dies genau hier und jetzt in

---

* Anstelle von „violettes Feuer/violette Flamme" kann man auch „Flamme der Gnade" oder „Purpurflamme" sagen.

voller Kraft manifestiert, manifestiert, manifestiert
(3x), dass es ewiglich erhalten wird, allmächtig
aktiv ist, sich ständig ausdehnt und alle Welten
umfasst, bis alle vollkommen ins Licht
aufgestiegen und frei sind! Geliebter ICH BIN!
Geliebter ICH BIN! Geliebter ICH BIN!

THE LAW OF FORGIVENESS

Violet fire*, enfold us! (3x)
Violet fire, hold us! (3x)
Violet fire, set us free! (3x)

I AM, I AM, I AM surrounded by
a pillar of violet flame*,
I AM, I AM, I AM abounding in
pure love for God's great name,
I AM, I AM, I AM complete
by thy pattern of perfection so fair,
I AM, I AM, I AM God's radiant flame
of love gently falling through the air.
Fall on us! (3x)
Blaze through us! (3x)
Saturate us! (3x)

◆ ◆ ◆

---

* "Mercy's flame", „purple flame"

OH SAINT GERMAIN,
SCHICKE DIE VIOLETTE FLAMME

1) Oh Saint Germain,
schicke die violette Flamme,
Lass' sie durch meinen innersten Kern fegen;
gesegneter Zadkiel, Oromasis,
vergrößert und verstärkt sie mehr und mehr.

Refrain:
Jetzt sofort lodere hindurch und durchtränke,
jetzt sofort breite aus und durchdringe;
jetzt sofort befreie, um Gottes Geist zu sein,
jetzt sofort und in Ewigkeit.

2) ICH BIN in der Flamme, und da stehe ich,
ICH BIN inmitten von Gottes Hand;
ICH BIN vom violetten Schein erfüllt und
durchdrungen,
ICH BIN ganz durchflutet, durch und durch.

3) ICH BIN Gottes Flamme in meiner Seele,
ICH BIN das Ziel für Gottes Blitzleuchtfeuer;
ICH BIN, ICH BIN das heilige Feuer,
ich spüre, wie der Strom der Freude inspiriert.

4) Das Bewusstsein Gottes in mir erhebt mich
zu dem Christus, den ich sehe. Wie er
herabkommt nun in der violetten Flamme,
sehe ich ihn antreten, um für immer zu regieren.

5) Oh Jesus, schick' deine violette Flamme,
weihe meinen innersten Kern;
gesegnete Maria, in Gottes Namen,
breite sie aus und verstärke sie mehr und mehr.

6) Oh mächtiger ICH BIN,
schicke die violette Flamme,
reinige meinen innersten Kern;
Maha Chohan, du Heiliger,
breite aus, breite aus, die wunderbare Sonne
Gottes.

Schlussvers (am Ende des Dekrets sprechen):
Er nimmt mich bei der Hand, um mir zu sagen:
Ich liebe deine Seele an jedem gesegneten Tag;
oh steige mit mir auf in die Luft,
wo die Freiheit von allen Sorgen blüht;
während die violette Flamme weiterhin
in mir lodert,
weiß ich, dass ich mit dir aufsteigen werde.

O SAINT GERMAIN, SEND VIOLET FLAME

1) O Saint Germain, send violet flame,
Sweep it through my very core;
Bless'd Zadkiel, Oromasis,
Expand and intensify more and more.

Refrain:
Right now blaze through and saturate,
Right now expand and penetrate;
Right now set free, God's mind to be,
Right now and for eternity.

2) I AM in the flame and there I stand,
I AM in the center of God's hand;
I AM filled and thrilled by violet hue,
I AM wholly flooded through and through.

3) I AM God's flame within my soul,
I AM God's flashing beacon goal;
I AM, I AM the sacred fire,
I feel the flow of joy inspire.

4) The consciousness of God in me
Does raise me to the Christ I see.
Descending now in violet flame,
I see him come fore'er to reign.

5) O Jesus, send thy violet flame,
Sanctify my very core;
Blessed Mary, in God's name,
Expand and intensify more and more.

6) O Mighty I AM, send violet flame,
Purify my very core;
Maha Chohan, thou Holy One,
Expand, expand God's lovely sun.

Coda:

He takes me by the hand to say,
I love thy soul each blessed day;
O rise with me into the air
Where blossoms freedom from all care;
As violet flame keeps blazing through,
I know that I'll ascend with you.

◆　◆　◆

ANRUFUNG ZUR ERLEUCHTUNG

Lebendiger Christus in mir und um mich herum,
lodernde Flamme der Erleuchtung,
weise Fülle umgebe mich nun,
die Gottesherrschaft regiere für immer.

Kränze mein Haupt mit einem goldenen Schein
der Weisheit deines Lichts;
kröne meine Taten mit dem Zeugnis
der gesalbten Macht der Erleuchtung.
ICH BIN, ICH BIN die goldene Flamme
der Erleuchtung, die hell auflodert
aus dem Herzen des gesegneten Lantos
im königlichen Teton hier.

Lass' lodern, oh, lass' lodern
dein leuchtendes Strahlen
durch mein inneres Wesen nun;
Wirf' wahres Licht auf meinen Weg
mit einem Strahl aus der Stirn der Weisheit.

Nun breitet Licht aus, um auf unserem Globus
jeden Winkel einzukreisen;
Kommt, bringt jedem Menschen euren Segen,
ihr Brüder der goldenen Robe.

Lebendiger Christus, der du mich nun
ganz umgibst,
lodere mit all der Kraft deiner Weisheit.
Wenn deine Wahrheit lodert, kann keiner
an mir zweifeln.
Breite dich dann aus in mir zu jeder Stunde.

Kröne mein Herz und meinen Geist
mit dem Feuer,
das auf deinen Altaren hell ist entfacht;
möge ein Heiligenschein deiner Weisheit
ehren jedes Kind des Lichts.

Gegrüßet seist du,
heiliger und königlicher Teton,
ihr Brüder des Strahles der Weisheit!
Verstärkt euer goldenes Strahlen,
lasst die Sonne des Lichts herrschen.

Kommt, Apollo und Lumina,
schenkt die Weisheit, um das perfekte Muster
für jedes Leben zu erkennen sowie die Weisen
und die Mittel es zu weben.

Gesegneter Jophiel, lieber Erzengel,
gib auf einem Blatt der Weisheit
das Edikt bekannt, das das kommende
goldene Zeitalter einleiten wird.

INVOCATION OF ILLUMINATION

Living Christ within and round me
Blazing illumination's flame,
Wise abundance now surround me,
God-dominion ever reign.

Crown my brow with golden radiance
From the wisdom of thy light;
Crown my doings with the evidence
Of illumination's Christed might.

I AM, I AM the golden flame
Of illumination blazing clear
From the heart of blessed Lanto
In the Royal Teton here.

Blaze, O blaze thy shining radiance
Through my inner being now;
Shed true light upon my pathway
By a beam from wisdom's brow.

Light expand now to encircle
Every nook upon our globe;

Come, bring every man your blessing,
Brothers of the Golden Robe.

Living Christ now all about me,
Blaze with all thy wisdom's power.
Thy truth blazing, none can doubt me;
Expand then in me every hour.

Crown my heart and mind with fire
Kindled on thy altars bright;
Let a halo of thy wisdom
Honor every child of light.

Hail, thou holy Royal Teton,
Brothers of the wisdom ray!
Intensify thy golden radiance,
Let the sun of light hold sway.

Come, Apollo, Lumina,
Give wisdom to perceive
The perfect pattern for each life,
Its way and means to weave.

Blest Jophiel, archangel dear,
Set forth on wisdom's page
The edict that will usher in
The coming golden age.

◆　◆　◆

INTROITUS AN DAS HEILIGE CHRISTUSSELBST

Im Namen der geliebten, mächtigen, siegreichen
Gegenwart Gottes, des geliebten ICH BIN in mir,
im Namen meines ureigenen, geliebten, heiligen
Christusselbst und durch die magnetische Kraft
des heiligen Feuers, das in der dreifältigen
Flamme der Liebe, Weisheit und Kraft sitzt, die in
meinem Herzen brennt, spreche ich folgendes
Dekret:

1) Heiliges Christusselbst über mir,
du Gleichgewicht meiner Seele,
schicke deine gesegneten Strahlen
herab, und mache mich ganz.

Refrain:
Deine Flamme in mir lodert ewig,
dein Frieden erhebt sich um mich auf ewig,
deine Liebe beschützt und hält mich,
dein blendendes Licht umfängt mich.
ICH BIN dein dreifältiges Strahlen,
ICH BIN deine lebendige Gegenwart,
die sich nun ausbreitet, ausbreitet, ausbreitet.

2) Heilige Christusflamme in mir,
Komm', breite dein dreieiniges Licht aus;
durchflute mein Wesen mit der Essenz
von Rosa, Blau, Gold und Weiß.

3) Heiliges Rettungsseil zu meiner Gegenwart,
geliebter Freund und Bruder auf ewig;
lass' mich deine heilige Wache halten,
sei du selbst in Aktion hier.

Und in vollem Glauben akzeptiere ich ganz bewusst, dass sich dies genau hier und jetzt in voller Kraft manifestiert, manifestiert, manifestiert (3x), dass es ewiglich erhalten wird, allmächtig aktiv ist, sich ständig ausdehnt und alle Welten umfasst, bis alle vollkommen ins Licht aufgestiegen und frei sind! Geliebter ICH BIN! Geliebter ICH BIN! Geliebter ICH BIN!

INTROIT TO THE HOLY CHRIST SELF

1) Holy Christ Self above me,
Thou balance of my soul,
Let thy blessed radiance
Descend and make me whole.

Refrain:
Thy flame within me ever blazes,
Thy peace about me ever raises,
Thy love protects and holds me,
Thy dazzling light enfolds me.
I AM thy threefold radiance,
I AM thy living Presence
Expanding, expanding, expanding now.

2) Holy Christ Flame within me,
Come, expand thy triune light;
Flood my being with the essence
Of the pink, blue, gold and white.

3) Holy lifeline to my Presence,
Friend and brother ever dear,
Let me keep thy holy vigil,
Be thyself in action here.

◆　◆　◆

LASS' MEINE FLAMME BESTÄNDIG LODERN

Lass' meine Flamme beständig lodern,
bei Gottes Liebe aufflammen, lenke und
halte mich an meinem rechtmäßigen Platz!
ICH BIN-Gegenwart immer nah bei mir,
lass' mich deiner Gnade stets gewahr sein:
Flamme Christi, erheitere mich immerzu,
in mir zeige dein lachendes Gesicht!

KEEP MY FLAME BLAZING

Keep my flame blazing,
By God's love raising,
Direct and keep me in my rightful place!

I AM Presence ever near me,
Keep me mindful of thy grace;

Flame of Christ, ever cheer me,
In me show thy smiling face!

◆ ◆ ◆

GEBET FÜR DIE REINHEIT

Im Namen der geliebten, mächtigen, siegreichen
Gegenwart Gottes, des geliebten ICH BIN in mir,
im Namen meines ureigenen, geliebten, heiligen
Christusselbst, des geliebten Serapis Bey, des
geliebten Erzengels Gabriel, des geliebten Zyklopea, des Großen Stillen Beobachters, im Namen
des geliebten Elohim der Reinheit, der geliebten
mächtigen Astrea, des geliebten Lanello, des
gesamten Geistes der Großen Weißen Bruderschaft, der geliebten Weltenmutter und der
geliebten Elementarwelt – Feuer, Luft, Wasser
und Erde – spreche ich das folgende Dekret:

Geliebter Serapis, in Gottes Namen ICH BIN
rufe ich dich an, den Strahl der Reinheit zu
verbreiten,
ich flehe dich an, dass keine Schatten mehr
anhaften mögen,
ich sehne mich danach, dass die Reinheit nun
eintreten möge.

Reinige meinen Geist von seinen flüchtigen
Eindrücken,

befreie meine Gefühle von jeder unreinen
Ausrichtung;
Lass' die Erinnerung den makellosen
Entwurf behalten und die Perle des heiligen
Christusgebots bewahren.

Oh Andenken an das strahlende Wunder,
lass' meinen Geist sich nun dir zuwenden;
christliches Unterscheidungsvermögen,
sortiere alles aus, was kein Erfolg Gottes ist!

Schneide mich frei von aller Täuschung,
richte meinen Geist aus auf reine Wahrnehmung;
erhöre, oh du, meine Anrufung –
um mein Christusselbst zu manifestieren!
Oh Flamme der kosmischen Reinheit
von Luxor, lodere durch mich;
entferne völlig alle dunklen Lasten,
erhebe mich nun zu dir!

Und in vollem Glauben akzeptiere ich ganz
bewusst, dass sich dies genau hier und jetzt in
voller Kraft manifestiert, manifestiert, manifestiert
(3x), dass es ewiglich erhalten wird, allmächtig
aktiv ist, sich ständig ausdehnt und alle Welten
umfasst, bis alle vollkommen ins Licht
aufgestiegen und frei sind! Geliebter ICH BIN!
Geliebter ICH BIN! Geliebter ICH BIN!

PRAYER FOR PURITY

Beloved Serapis, in God's name I AM
Calling for purity's ray to expand,
Imploring that shadows no longer adhere,
So longing for purity now to appear.

My mind purify of its fleeting impression,
My feelings release of all impure direction;
Let memory retain the immaculate concept
And treasure the pearl of the holy Christ precept.

O souvenir of radiant wonder,
Let my mind on thee now ponder;
Christ discrimination, sunder
All that's less than God success!

Cut me free from all deception,
Fix my mind on pure perception;
Hear, o thou, my invocation –
My Christ Self to manifest!

O flame of cosmic purity,
From Luxor, blaze through me;
Completely clear all shadowed weights,
Ascend me now to thee!

◆　◆　◆

ICH BIN MEINES BRUDERS HÜTER

ICH BIN meines Bruders Hüter.
Oh Gott, hilf' mir, dass ich
ganz Dienst und Unterstützung bin
und Mitgefühl, ganz so wie du!

ICH BIN meines Bruders Hüter.
Oh Jesus, durch deine Flamme
des Segens der Auferstehung –
schenke Trost in deinem Namen!

ICH BIN meines Bruders Hüter,
oh Gottesgegenwart so nah,
die Fülle deines Segens,
reine Göttlichkeit erscheine!

ICH BIN meines Bruders Hüter,
der Beschützer seiner Flamme;
in stiller Kraft und wissend
liebe ich ihn in deinem Namen!

I AM MY BROTHER'S KEEPER

I AM my brother's keeper.
O God, help me to be
All service and assistance,
Compassion just like thee!

I AM my brother's keeper.
O Jesus, by thy flame
Of resurrection's blessing,
Give comfort in thy name!

I AM my brother's keeper,
O Presence of God so near,
The fullness of thy blessing,
Pure Divinity appears!

I AM my brother's keeper,
The guardian of his flame;
In quiet power and knowing,
I love him in thy name!

◆　◆　◆

CHRISTUSGANZHEIT

Im Namen der geliebten, mächtigen, siegreichen Gegenwart Gottes, des geliebten ICH BIN in mir, im Namen meines ureigenen, geliebten, heiligen Christusselbst und des geliebten Jesus, des Christus, lasse ich meine Liebe und Dankbarkeit zu meinem geliebten Körper-Elementarwesen fließen für seinen treuen Dienst, den es mir stetig erweist.

(Legen Sie eine Pause ein, und visualisieren Sie Ihr kostbares Körper-Elementarwesen in einer eiförmigen Hülle der rosafarbenen Flamme der göttlichen Liebe.)

Ich befehle meinem Körper-Elementarwesen nun,
sich zu erheben und die völlige Herrschaft über
alle nicht perfekten Situationen zu übernehmen,
die sich in meinem physischen Körper unter Umständen gerade manifestieren!

Geliebtes Körper-Elementarwesen, mache dich
jetzt ans Werk, um die Fehler zu beheben – und
zwar unter der Führung und Anleitung meines
eigenen geliebten, heiligen Christusselbst, des
geliebten Jesus, des Christus und des perfekten
Planes meines Lebensstroms, der vom Herzen
meiner eigenen geliebten, mächtigen ICH BIN-
Gegenwart – oh du großartiger Erneuerer! –
ausgesandt wird.

Im Namen der mächtigen Gegenwart Gottes, die
ICH BIN, und mit der und durch die magnetische
Kraft des heiligen Feuers, das in die dreifältige
Flamme übertragen wurde, die in meinem Herzen
brennt, spreche ich folgendes Dekret:

1) ICH BIN Gottes Perfektion offenbart
in Körper, Geist und Seele –
ICH BIN Gottes Führung, die herabströmt,
um mich zu heilen und ganz zu bewahren!

Refrain:

Oh Atome, Zellen, Elektronen
in dieser meiner Form,
lasst die Perfektion des Himmels
mich göttlich machen nun!

Die Spiralen der Ganzheit Christi
umhüllen mich mit seiner Macht
ICH BIN die Gegenwart der Meister,
die befiehlt: „Es werde alles Licht!"

2) ICH BIN Gottes perfektes Ebenbild:
Meine Gestalt ist mit Liebe aufgeladen,
lasst die Schatten nun weichen,
seid gesegnet durch die Taube des Trostes!

3) Oh gesegneter Jesus, lieber Meister,
schicke deinen Strahl der Heilung hierher;
erfülle mich mit deinem Leben dort oben,
heb' mich hoch in deine Arme der Liebe!

4) ICH BIN die heilende Gegenwart Christi,
ganz strahlend wie eine Gnadensonne –
ICH BIN diese reine Vollkommenheit,
meine perfekte Heilung hat gesiegt!

5) Ich lade und lade und lade mich auf
mit dem strahlenden ICH-BIN Licht –
ich spüre den Strom der Reinheit,
der nun alle Dinge richtig stellt!

Und in vollem Glauben akzeptiere ich ganz
bewusst, dass sich dies genau hier und jetzt
in voller Kraft manifestiert, manifestiert,
manifestiert (3x), dass es ewiglich erhalten wird,
allmächtig aktiv ist, sich ständig ausdehnt und

alle Welten umfasst, bis alle vollkommen ins Licht
aufgestiegen und frei sind! Geliebter ICH BIN!
Geliebter ICH BIN! Geliebter ICH BIN!

CHRIST WHOLENESS

1) I AM God's perfection manifest
In body, mind and soul –
I AM God's direction flowing
To heal and keep me whole!

Refrain:
O atoms, cells and electrons
Within this form of mine,
Let heaven's own perfection
Make me now divine!

The spirals of Christ wholeness
Enfold me by his might –
I AM the Master Presence
Commanding, „Be all light!"

2) I AM God's perfect image:
My form is charged by love;
Let shadows now diminish,
Be blessed by Comfort's Dove!

3) O blessed Jesus, Master dear,
Send thy ray of healing here;

Fill me with thy life above
Raise me in thine arms of love!

4) I AM Christ's healing Presence,
All shining like a mercy sun –
I AM that pure perfection,
My perfect healing won!

5) I charge and charge and charge myself
With radiant I AM light –
I feel the flow of purity
That now makes all things right!

◆ ◆ ◆

WIR TRETEN NUN VOR EURE FLAMME

Im Namen der geliebten, mächtigen, siegreichen
Gegenwart Gottes, des geliebten ICH BIN, der ich
bin, und mit der und durch die magnetische Kraft
des heiligen Feuers, das in der dreifältigen
Flamme sitzt, die in meinem Herzen brennt, im
Namen des geliebten Lanello, des gesamten
Geistes der Großen Weißen Bruderschaft, der
Weltenmutter und der Elementarwelt – Feuer, Luft,
Wasser und Erde – spreche ich folgendes Dekret:

Oh Zyklopea, lieber Jesus, Mutter Maria,
die du so aufrichtig bist, wir treten nun vor
eure Flamme, um geheilt zu werden in Gottes

eigenem Namen. Wir stehen in Raum und Zeit und
rufen nun an euer heilendes Geläut!

Ton des goldenen Strahlens mit einem Hauch von
heilendem Grün, das Trost durch die Erde strömen
lässt, so ruhige und gelassene Vollkommenheit!

Komm', oh Liebe in heiliger Aktion,
gib' uns nun Gottes Zufriedenheit.
Bei der Kraft der heiligen Heilung, die uns
nun in der Flamme der Perfektion versiegelt!
Ich halte _____ *(Name oder Namen)*
vor deine Gegenwart hier; richte deinen Strahl
der Liebe auf _____ *(ihn, sie oder diese)*,
lass' deinen liebevollen Segen sich ergießen!

Und in vollem Glauben akzeptiere ich ganz
bewusst, dass sich dies genau hier und jetzt in
voller Kraft manifestiert, manifestiert, manifestiert
(3x), dass es ewiglich erhalten wird, allmächtig
aktiv ist, sich ständig ausdehnt und alle Welten
umfasst, bis alle vollkommen ins Licht
aufgestiegen und frei sind! Geliebter ICH BIN!
Geliebter ICH BIN! Geliebter ICH BIN!

COME WE NOW BEFORE THY FLAME

O Cyclopea, Jesus dear,
Mother Mary so sincere,
Come we now before thy flame
To be healed in God's own name.
Stand we in this place in time
Invoking now thy healing chime!

Tone of golden radiance
Tinged with brilliant healing green,
Pouring comfort through the earth,
Perfection so serene!

Come, O Love in holy action,
Give us now God satisfaction.
By the power of holy healing
In perfection's flame now sealing!

I AM holding _____ *(name or names)*
Before thy Presence here;
Shed thy love ray forth
upon _____ *(him, her, them)*
Release thy blessing dear!

◆　◆　◆

SCHÄTZE DES LICHTS

1) Fortuna, Göttin der Versorgung,
von allen Reichtümern Gottes aus hohen Gefilden,
gib' frei deine Schätze aus der Sonne,
und verleihe nun jedem,

2) dessen Herz im Einklang mit Gottes eigenem
Licht schlägt,
die Kraft, aus des Himmels Höhe Fülle anzuziehen,
um den Plan weiter auszuführen,
den die Meister für jeden Menschen bereithalten.

3) Stimme unser Bewusstsein auf dich ein,
erweitere unsere Sicht, damit wir jetzt sehen,
dass üppige Fülle für alle bestimmt ist,
die zu Gott schauen und ihn anrufen.

4) Wir fordern nun, wir befehlen,
Manna in Hülle und Fülle aus Gottes Hand,
auf dass nun unten so wie oben
die gesamte Menschheit Gottes Liebe
zum Ausdruck bringt.

LIGHTS TREASURES

1) Fortuna, Goddess of supply,
Of all God's wealth from realms on high,
Release thy treasures from the Sun
And now bestow on everyone

2) Whose heart beats one with
God's own light
The power to draw from heaven's height,
Abundance to expand the plan
The masters hold for every man.

3) Attune our consciousness with thee,
Expand our vision now to see
That opulence is meant for all
Who look to God and make the call.

4) We now demand, we do command
Abundant manna from God's hand,
That now below as is Above
All mankind shall express God's love.

◆ ◆ ◆

GELIEBTER ZYKLOPEA, BEWAHRER DER PERFEKTION

1) Geliebter Zyklopea, du Bewahrer der Perfektion,
erteile uns deine göttliche Führung,
reinige unseren Weg von allem Schmutz,
bewahre den makellosen Gedanken für mich.

Refrain:

ICH BIN, ICH BIN der, der alles betrachtet,
mein Auge ist eins, wenn ich dich anrufe,
erhöhe mich nun und befreie mich,
auf dass ich jetzt zu deinem heiligen
Ebenbild werde.

2) Geliebter Zyklopea,
du alles sehender Betrachter,
gestalte mein wahres Wesen aus Licht,
reinige meine Gedanken und Gefühle,
stelle sicher, dass Gottes Gesetz
ansprechend bleibt.

3) Geliebter Zyklopea,
strahlendes Auge antiker Anmut, mit Gottes Hand
zeichne sein Ebenbild auf den Webstoff meiner
Seele, radiere alles Verderben aus,
und bewahre mich ganz.

4) Geliebter Zyklopea,
bewache für immer die heilige Stadt,
erhöre mein Gebet, und setze es um,
posaune meinen Sieg hinaus in die Luft,

bewahre die Reinheit der Wahrheit, die so
strahlend ist.

Und in vollem Glauben akzeptiere ich ganz bewusst, dass sich dies genau hier und jetzt in voller
Kraft manifestiert, manifestiert, manifestiert (3x),
dass es ewiglich erhalten wird, allmächtig aktiv ist,
sich ständig ausdehnt und alle Welten umfasst, bis
alle vollkommen ins Licht aufgestiegen und frei
sind! Geliebter ICH BIN! Geliebter ICH BIN!
Geliebter ICH BIN!

BELOVED CYCLOPEA, BEHOLDER OF PERFECTION

1) Beloved Cyclopea,
Thou beholder of perfection,
Release to us thy divine direction,
Clear our way from all debris,
Hold the immaculate thought for me.

Refrain:
I AM, I AM beholding All,
Mine eye is single as I call;
Raise me now and set me free,
Thy holy image now to be.

2) Beloved Cyclopea,
Thou enfolder all-seeing,
Mold in light my very being,

Purify my thought and feeling,
Hold secure God's Law appealing.

3) Beloved Cyclopea,
Radiant eye of ancient grace,
By God's hand his image trace
On the fabric of my soul,
Erase all bane and keep me whole.

4) Beloved Cyclopea,
Guard for aye the City Foursquare,
Hear and implement my prayer,
Trumpet my victory on the air,
Hold the purity of truth so fair.

◆ ◆ ◆

EIN DEKRET AN DIE GELIEBTE MÄCHTIGE ASTREA

Im Namen der geliebten, mächtigen, siegreichen
Gegenwart Gottes, des geliebten ICH BIN in mir,
im Namen meiner mächtigen ICH BIN-Gegenwart
und des heiligen Christusselbst der Lichtträger der
Welt sowie all derer, die dazu bestimmt sind, in
diesem Leben aufzusteigen, mit der und durch die
magnetische Kraft des heiligen Feuers, das in der
dreifältigen Flamme ruht, die in meinem Herzen
brennt, rufe ich die geliebten, mächtigen Elohim
Astrea und Reinheit, die Erzengel Gabriel und
Hoffnung, den geliebten Serapis Bey und die

Seraphim und Cherubim Gottes, den geliebten
Lanello, den gesamten Geist der Großen Weißen
Bruderschaft und die Weltenmutter, die Elementar-
wesen des Feuers, der Luft, des Wassers und der
Erde an, ihre kosmischen Kreise und Schwerter aus
blauer Flamme in, durch und um meine vier
niederen Körper, meinen Elektronengürtel, mein
Herzchakra und all meine Chakren, mein gesamtes
Bewusstsein, mein gesamtes Wesen und meine
gesamte Welt zu schließen. (Fügen Sie an dieser
Stelle noch persönliche Gebete an.)
Schneidet mich los und befreit mich (3x) von
allem, was geringer als Gottes Vollkommenheit
und die Erfüllung meines persönlichen göttlichen
Planes ist.

1) Oh geliebte Astrea, möge Gottes Reinheit sich
hier für alle sichtbar offenbaren.
Gottes göttlicher Wille scheint durch
Kreis und Schwert von strahlendstem Blau.

1. Refrain:
Komm' nun, antworte auf diesen meinen Ruf,
schließe deinen Kreis um uns alle herum.
Kreis und Schwert von strahlendstem Blau,
lodert jetzt auf, hebt jetzt an,
scheint hindurch!

2) Schneide das Leben frei von allen unklugen
Mustern,
Lasten fallen ab, während sich Seelen erheben
in deine Arme der unendlichen Liebe,
die voller Gnade vom Himmel herabscheint.

3) Kreis und Schwert der Astrea scheinen nun,
flammendes Blauweiß veredelt mein Wesen,
streift ab jeden Zweifel und alle Angst;
Glaubensmuster und Gutwilligkeit zeigen sich.

2. Refrain:
Komm' nun, antworte auf diesen meinen Ruf,
schließe deinen Kreis um uns alle.
Kreis und Schwert von strahlendstem Blau,
erhebt nun unsere Jugend,
strahlt durch sie hindurch!

3. Refrain:
Komm' nun, antworte auf diesen meinen Ruf,
schließe deinen Kreis um uns alle.
Kreis und Schwert von strahlendstem Blau,
erhebt nun die Menschheit,
scheint durch sie hindurch!

Und in vollem Glauben akzeptiere ich ganz bewusst, dass sich dies genau hier und jetzt in voller
Kraft manifestiert, manifestiert, manifestiert (3x),
dass es ewiglich erhalten wird, allmächtig aktiv ist,
sich ständig ausdehnt und alle Welten umfasst, bis

alle vollkommen ins Licht aufgestiegen und frei sind! Geliebter ICH BIN! Geliebter ICH BIN! Geliebter ICH BIN!

(Sprechen Sie das Dekret einmal mit dem ersten Refrain nach jedem Vers. Sprechen Sie es ein zweites Mal mit dem zweiten Refrain nach jedem Vers. Sprechen Sie es ein drittes Mal mit dem 3. Refrain nach jedem Vers.)

DECREE TO BELOVED MIGHTY ASTREA

1) O beloved Astrea, may God Purity
Manifest here for all to see,
God's divine will shining through
Circle and sword of brightest blue.

1. Refrain:
Come now answer this my call
Lock thy circle round us all.
Circle and sword of brightest blue,
Blaze now, raise now,
Shine right through.

2) Cutting life free from patterns unwise,
Burdens fall off while souls arise
Into thine arms of infinite love,
Merciful shining from heaven above.

3) Circle and sword of Astrea now shine,
Blazing blue-white my being refine,

Stripping away all doubt and fear,
Faith and goodwill patterns appear.

2. Refrain:
Come now answer this my call
Lock thy circle round us all.
Circle and sword of brightest blue,
Raise our youth now,
Blaze right through!

3. Refrain:
Come now answer this my call,
Lock thy circle round us all.
Circle and sword of brightest blue,
Raise mankind now,
Shine right through!

QUELLENNACHWEISE

1. Jeremia 31, 31, 33.

2. Johannes 1, 9.

3. Dannion Brinkley, 2. Juli 2000.

4. 2. Mose 3, 14, 15.

5. Johannes 1,9.

6. Das Evangelium des Philip, 67, 26–27, in: James M. Robinson, Herausgeber, „The Nag-Hammadi-Library in English" („Die Nag Hammadi Bibliothek in Englisch"), 3. Ausgabe, überarbeitet, San Francisco, Harper & Row 1988, S. 150.

7. Das Thomasevangelium, Vers 108, in „The Nag Hammadi Library in English" („Die Nag-Hammadi-Bibliothek in Englisch"), S. 137.

8. Arya Maitreya and Asanga, „The Changeless Nature (The Mahayana Uttara Tantra Shastra)" (Araya Maitreya und Asanga, „Die unveränderliche Natur" („Das Mahayana Uttara Tantra Shastra")), ins Englische übersetzt von Katia Holmes und Ken Tsultim Gyamtso, Eskdalemuir, Schottland, Kama Drubgyud Ling, n.d., S. 21.

9. Offenbarung 22, 1.

10. 1. Mose 3, 21.

11. Galater 6, 5, 7-10.

12. Dannion Brinkley und Clemens Wilhelm, „Geborgen im Licht: Die wahre Geschichte des Mannes, der zweimal starb", DroemerKnaur 2010.

13. A.a.O.

14. Matthäus 3, 17.

15. Johannes 7, 38.

16. Johannes 14, 2.

17. Matthäus 6, 6.

18. Johannes 1, 9.

19. Johannes 3, 16.

20. Johannes 1, 14.

21. Johannes 14, 26.

22. Lukas 24, 49.

23. 1. Korinther 12, 8-11.

24. Francis Johnston, „Fatima: The Great Sign", („Fatima: Das große Zeichen"), Washington, N.J., AMI Press 1980, S. 139.

25. Umfrage von Time/CNN vom Juni 1996, durchgeführt von „Yankelovich Partners".

26. Dr. William Nolan, zitiert in Larry Dosseys Buch „Heilende Worte: Die Kraft des Gebets und die Macht der Medizin", übersetzt bei Wolfgang Schellhorn, Sündergellersen 1995.

27. Brief des Jakobus 5, 16.

28. „Soeur Thérèse of Lisieux, The Little Flower of Jesus" („Schwester Thérèse von Lisieux - Die kleine Blume Jesu"), New York, J.P. Kennedy & Sons 1914, S. 163. Siehe: "Therese vom Kinde Jesu: Selbstbiographische Schriften." Johannes Verlag Einsiedeln, Freiburg 2003.

29. Dr. Alfred A. Tomatis, zitiert bei Tim Wilson, „Chant: The Healing Power of Voice and Ear", („Chanten - Die Heilkraft von Stimme und Ohr"), in: „Music: Physician for Times to Come" („Die Musik - Ärztin der Zukunft"), herausgegeben von Don Campbell, Wheaton, Illinois, Theosophical Publishing House, Quest Books 1991, S. 13.

30. „A Discourse on Abba Philimon" („Eine Rede auf Abba Philimon"), in: „The Philokalia", verfasst von St. Nikodimos des Heiligen Berges und St. Makarios von Korinth, übersetzt von G.E.H. Palmer, Philip Sherrard und Kallistos Ware, London, Faber and Faber 1981, 2, 349.

31. Jesaja 45, 11.

32. Hiob 22, 27, 28.

33. 2. Mose 3, 14, 15.

34. Brief an die Philipper 2, 5.

35. Sacharia 2, 9.

36. Matthäus 5, 48.

37. Lukas 9, 29.

38. Hebräer 1, 7.

39. 1. Mose 1, 3.

40. 1. Mose 1, 1.

41. Offenbarung 12, 7-9.

42. Johannes 9, 39.

43. Matthäus 16, 19.

44. Siehe Elizabeth Clare Prophet, „The Lost Years of Jesus" („Die verlorenen Jahre Jesu"), Corwin Springs, Montana, Summit University Press 1987.

45. Johannes 14, 12.

46. 1. Korinther 6, 2-3.

47. Matthäus 7, 1.

48. 1. Johannes 4, 4.

49. Offenbarung 19, 11.

50. Daniel 7, 9; 13, 22.

51. Lord Maitreya, 21. November 1976.

52. Markus 16, 18.

53. David Abel, „Still Standing: A Chapel Spared Stirs Talk of Miracle", („Und sie steht noch immer – Eine Kapelle, die von der Zerstörung verschont blieb, lässt die Rede von einem Wunder laut werden"), The Boston Globe, 26. September 2001, Online-Version.

54. Matthäus 5, 14.

55. Saint Germain, „May You Pass Every Test!" („Mögest du jeden Test bestehen!"), in: „Lords of the Seven Rays" („Die Herren der sieben Strahlen"), Corwin Springs, Montana, Summit University Press 1986, Buch 2, S. 274.

ANMERKUNG VON
SUMMIT UNIVERSITY PRESS

Das Material in diesem Buch ist ein Destillat der Lehren der Aufgestiegenen Meister, die Mark und Elizabeth Clare Prophet während ihres langjährigen Dienstes übermittelt haben. Die meisten der hier abgedruckten Texte wurden direkt aus zahlreichen veröffentlichten und unveröffentlichten Quellen übernommen. In manchen Abschnitten haben wir zusätzliche Erklärungen eingefügt, um die Lehren vollständig und leicht verständlich darzustellen.

Wir möchten zum Abschluss unseren Dank an die beiden Sendboten für all das ausdrücken, was sie uns in ihren mehr als 40 Jahren des Dienstes geschenkt haben. Wir hoffen, dass dieses kleine Werk helfen wird, ihre Lehren und die Lehren der Aufgestiegenen Meister einem immer größeren Publikum spirituell Suchender zugänglich zu machen.

Summit University Press

ÜBER DIE AUTOREN

Mark L. Prophet und *Elizabeth Clare Prophet* sind Pioniere der modernen Spiritualität und international renommierte Autoren. Mehr als 40 Jahre haben die Prophets die Lehren der unsterblichen Heiligen und Weisen des Ostens und Westens veröffentlicht, die als die Aufgestiegenen Meister bekannt sind. Gemeinsam haben sie der Welt ein neues Verständnis des alten Wissens sowie einen Pfad des praktischen Mystizismus vermittelt.

Ihre Bücher, die überall im gut sortierten Buchhandel und online erhältlich sind, wurden in mehr als 20 Sprachen übersetzt und werden weltweit vertrieben.

368 Seiten, broschiert,
mit Klappe
ISBN 978-3-89845-286-1
€ [D] 16,90

Elizabeth Clare Prophet
Patricia R. Spadaro & Murray L. Steinman

Saint Germain und die Prophezeiungen für das neue Jahrtausend

Was können wir für die bevorstehenden Umbruchsjahre 2012 und 2025 erwarten? Der Bestsellerautorin Elizabeth C. Prophet geht es darum, die Zeichen der Zeit zu verstehen. Sie zeigt, dass es in der Hand jedes Einzelnen von uns liegt, welche Zukunft wir uns kreieren. »Saint Germain und die Prophezeiungen für das neue Jahrtausend« zeigt uns, wie wir ein wahrhaft goldenes Zeitalter erschaffen können.

192 Seiten, broschiert,
ISBN 978-3-89845-287-8
€ [D] 6,95

Elizabeth Clare Prophet

Mit Elementarwesen arbeiten
Zum Wohle der Erde

In vergangenen goldenen Zeitaltern arbeiteten die Naturgeister und die Menschen Hand in Hand, und die Erde glich einem Garten Eden ... Doch dann kam eine Zeit, in der die Negativität des Menschen Eingang in die Welt fand und die Arbeit der Elementarwesen enorm erschwerte.
In diesem Buch werden Wege aufgezeigt, wie wir zurück zum »verlorenen Paradies« finden. Wir lernen, wieder im Einklang zu sein mit den Elementarwesen und sie in ihrer Arbeit zu unterstützen, um so erneut ein goldenes Zeitalter für uns einzuläuten.

128 Seiten, broschiert,
ISBN 978-3-89845-089-8
€ [D] 6,95

Elizabeth Clare Prophet

Die Violette Flamme
Heilung für Körper, Geist & Seele

Die Violette Flamme ist ein Licht, das allen Lebensformen dient und ihnen Achtung und Würde verleiht. Sie ist ein Mittel, sich untereinander zu verbinden und eine Form spiritueller Energie. Sie ist das Attribut des geheimnisvollen Grafen St. Germain. Heiler und Alchemisten in aller Welt nutzen diese hochfrequente Energie, um Harmonie und Frieden in diese Zeit des spektakulären Übergangs in ein neues Bewusstsein zu bringen.

176 Seiten, broschiert
ISBN 978-3-89845-126-0
€ [D] 6,95

Elizabeth Claire Prophet

Seelenpartner & Zwillingsseelen

*Die spirituelle Dimension der Liebe und
unserer Beziehungen*

»Seelenpartner und Zwillingsseelen« enthüllt mit Wärme und
Weisheit die spirituelle Dimension von Beziehungen und zeigt
neue Wege auf, um zu Ganzheit und wahrer Liebe zu finden.
Sie lernen viel Wissenswertes über Seelenpartner, Duale und
karmische Partner, und man beginnt zu verstehen, weshalb
man gerade bestimmte Liebschaften in sein Leben zieht –
sogar, warum selbst die schwierigste Beziehung geradezu ein
Sprungbrett zur perfekten Liebe sein kann.

144 Seiten, broschiert,
mit Abbildungen
ISBN 978-3-89845-263-2
€ [D] 6,95

Elizabeth Clare Prophet

Die Kraft deines höheren Selbst

Die Kraft deines höheren Selbst stellt einfache Techniken vor,
die dabei behilflich sind, eine enge, gut funktionierende Beziehung zu seinem Geist zu entwickeln – sowie Freude, Frieden
und Stärkung zu erfahren.
Wer mit seinem höheren Selbst auf einer Wellenlänge ist, wird
liebevoller und sensibler für die eigenen Bedürfnisse und die
Bedürfnisse anderer. Man erfüllt sein Lebensziel und bringt
seine größtmögliche Kreativität zum Ausdruck.
Erfahre die zehn dynamischen Schritte zum spirituellen Erwachen, mit deren Hilfe du dein volles Potenzial verwirklichen
kannst.

288 Seiten, broschiert
ISBN 978-3-89845-060-7
€ [D] 6,95

Elizabeth Clare Prophet & Patricia R. Spadaro

Karma in der Praxis

– Die Zukunft gestalten

»Karma in der Praxis« zeigt dem Leser anhand von praktischen
Beispielen, wie Aktionen aus seinem früheren Leben – gute oder
böse – mit seinem heutigen Leben zusammenhängen. Er lernt
aber auch viel über Gruppenkarma und erfährt, was die großen
Lehrer der westlichen und östlichen Welt, wie z. B. Jesus und
Konfuzius, über Karma und Reinkarnation lehrten. Doch vor
allem lernt der Leser, wie er karmische Begegnungen als große
Chancen für seine Zukunft zu nutzen vermag.

Elizabeth Clare Prophet

Erzengel Zadkiel

Das Lichtwesen der violetten Flamme

Gerade in unserer anspruchsvollen Zeit, in der man scheinbar jeden Tag besser, schneller und perfekter sein muss, bietet Erzengel Zadkiel wertvolle Hilfe: Er ist der Engel der Veränderung, der uns hilft, unsere Schattenseiten in Licht zu wandeln – Zadkiel ist der karmische Erlöser.

Die Bestsellerautorin Elizabeth Clare Prophet präsentiert mehrere wirksame Methoden, um sich mit diesem heilenden Engel zu verbinden, denn Erzengel Zadkiel beendet das unwürdige und selbstzerstörerische Streben nach Perfektion, wenn er uns lehrt, dass wir durch die Arbeit an uns unserer Göttlichkeit jeden Tag einen Schritt näher kommen ...

96 Seiten, broschiert
ISBN 978-3-89845-274-8
€ [D] 6,95

Elizabeth Clare Prophet

Seraphim

Die Engel des Erfolges

Rufen Sie die Engel des Erfolges an, und bitten Sie diese, Ihnen dabei zu helfen, erfolgreich zu sein und die nötige Entschlossenheit an den Tag zu legen, um ein bestimmtes Ziel zu erreichen. Dieser brennende Wunsch in Ihrem Herzen ist der Schlüssel, der es Ihnen ermöglichen wird, Ihr Lebensziel zu finden.

Dieses Buch gibt Ihnen praktische Hinweise, um Ihrer Berufung zu folgen, das Ziel fest im Auge zu behalten und auf Erfolgskurs zu bleiben ...

112 Seiten, broschiert,
mit Abbildungen
ISBN 978-3-89845-264-9
€ [D] 6,95

Elizabeth Clare Prophet

Erzengel Michael

Erzengel Michael ist der Engel der Natur, der den Menschen Nahrung und Wissen bringt. Er ist der »Engel des Herrn«, der Engel der Gegenwart Gottes.

E. C. Prophet schlüsselt – basierend auf Bibeltexten wie auch auf Tatsachenberichten – die Bedeutung des Erzengels auf. Er erinnert uns gerade in der heutigen Zeit, in der es recht dunkel ist auf der Erde, daran, die Verbindung zu unseren himmlischen Helfern nicht zu kappen. Denn: »Es gibt eine Welt des Lichts, die die Welt der Dunkelheit überlagert, und alles, was ihr tun müsst, ist, euch nach dem Licht auszustrecken ...«

144 Seiten, broschiert
ISBN 978-3-89845-147-5
€ [D] 6,95

128 Seiten, broschiert
ISBN 978-3-89845-049-2
€ [D] 6,95

Elizabeth Clare Prophet
Mit Engeln arbeiten

Dieses Buch bringt einem bei, wie man mit Engeln Freundschaft schließt, so dass diese bereit sind, uns ihre Hilfe zukommen zu lassen. Denn wir haben sie um ihre Hilfe zu bitten. Erst dann dürfen sie uns helfend zur Seite stehen. Hier werden die praktischen Schritte in einem Zehn-Punkte-Programm aufgezeigt, wie man sich mit ihnen in Verbindung setzt, sich weiterhin ihrer Hilfe vergewissert und in Zusammenarbeit mit ihnen viel Gutes für sich und andere bewirkt.

Dieses Büchlein ist nicht nur ein Ratgeber, sondern vor allem eine praktische Anleitung, seinem Leben mit Hilfe der Engel eine höhere Qualität zu geben.

160 Seiten, broschiert
ISBN 978-3-89845-273-1
€ [D] 6,95

Elizabeth Clare Prophet
Die Entfaltung deiner Seele
So findest du die Perle deiner wahren Identität

Ein praktischer Schlüssel für deine Seelenreise ...
Unsere Seele wird manchmal mit einer Perle verglichen, die in den Ozean des materiellen Universums geworfen wurde. Das Ziel unseres Lebens ist es nun, diese Perle aufzuspüren und unsere wahre Identität wiederzufinden.
Die Bestsellerautorin Elizabeth Clare Prophet gibt hier Antworten auf Fragen wie: Wer bin ich? Habe ich einen freien Willen, oder gibt es eine Kontinuität der Seele?
Dieses Buch lässt dich erwachen und zeigt dir Wege auf, über dich selbst hinauszuwachsen! Deine persönliche Seelengeschichte wartet darauf, von dir gelebt zu werden!

184 Seiten, broschiert,
ISBN 978-3-89845-249-6
€ [D] 6,95

Elizabeth Clare Prophet
Die Engel dir zur Seite

In ihren vier Erzengel-Bänden hat sich die amerikanische Bestsellerautorin Elizabeth Clare Prophet als wahre Engelspezialistin erwiesen. In diesem Buch geht es um den oder die Schutzengel, die dem Menschen zum Schutz zur Seite gestellt sind. Christus selbst ist unser bedeutsamster Schutzengel, und er führt die anderen Engel an, die unseren Weg begleiten. Doch wir haben nicht nur einen Schutzengel – wir haben viele. Der Leser wird behutsam durch praktische Übungen und interessante Enthüllungen in die Welt der Schutzengel entführt. So können wir lernen, all diese Engel in unser Leben zu integrieren.

Weiterführende Informationen zu
Büchern, Autoren und den Aktivitäten
des Silberschnur Verlages erhalten Sie unter:
www.silberschnur.de

Sie können uns alternativ
die beiliegende *Postkarte* zusenden.

Ihr Interesse wird belohnt!